TRAITÉ

ÉLÉMENTAIRE

DE LA

SÉPARATION DES PATRIMOINES,

CONTENANT

LES PRINCIPES GÉNÉRAUX

ET LA SOLUTION

DES QUESTIONS LES PLUS IMPORTANTES

EN CETTE MATIÈRE;

PAR

M. LULÉ-DEJARDIN,

JUGE AU TRIBUNAL CIVIL DE BORDEAUX,

ANCIEN BATONNIER.

Bordeaux,

IMPRIMERIE DE SUWERINCK,

Rue Marchande, 6.

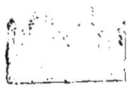

39232

TRAITÉ

ÉLÉMENTAIRE

DE LA SÉPARATION

DES PATRIMOINES.

Louis Desjardin

AVERTISSEMENT.

LA séparation des patrimoines a pour objet d'empêcher que les biens composant une succession ne se confondent avec ceux de l'héritier qui l'a recueillie, et que les créanciers personnels de cet héritier ne soient payés sur les biens de la succession au préjudice des créanciers et légataires du défunt.

Il importe donc à ces créanciers et légataires de connaître toute l'étendue de leurs droits sur les biens de la succession de leurs débiteurs, pour s'en prévaloir suivant les circonstances.

Nous disons suivant les circonstances, parce qu'il

est de leur intérêt de rechercher, avant de demander la séparation du patrimoine du défunt d'avec
celui de l'héritier, si les biens du défunt sont suffisants pour payer les créances et les legs; car si,
après examen, ils étaient reconnus insuffisants et
l'héritier solvable, il y aurait de leur part une imprudence telle, que la séparation des patrimoines
une fois effectuée et les biens de la succession épuisés, ils pourraient éprouver des difficultés, en reve-
nant sur les biens de l'héritier, à se faire payer
tout ce qui leur resterait encore dû.

Si, au contraire, les biens de l'héritier se trouvaient grevés de dettes, lorsque les biens du défunt
seraient d'une valeur plus que suffisante pour l'ac-
quit de toutes les dettes et charges, dans ce cas, la
séparation des patrimoines profiterait d'autant plus
aux créanciers et aux légataires du défunt, que les
créanciers personnels de l'héritier n'auraient de droits
à exercer sur les biens de la succession, qu'après
que les créanciers et les légataires du défunt auraient
été entièrement payés.

L'imprudence d'un côté, la négligence de l'autre,

peuvent donc devenir préjudiciable aux créanciers et aux légataires, soit en acceptant légèrement l'héritier pour débiteur, soit en n'usant pas en temps utile du bénéfice de la séparation des patrimoines.

Mais il ne suffit pas d'avoir un droit à exercer, il faut encore savoir quand et comment il faut l'exercer.

Notre but, en publiant cet écrit, a donc été de faire connaître tous les éléments du droit en cette matière, pour en rendre l'étude plus facile à tous ceux qui y ont intérêt.

C'est dans les distributions *par ordre*, que l'on est à même de s'apercevoir combien les demandes *en séparations des patrimoines* donnent lieu à des difficultés.

Que de questions diverses se présentent à résoudre, par suite des opinions divergentes des auteurs!

C'est à l'examen et à l'appréciation de leur doctrine, que nous nous sommes particulièrement attaché.

C'est le fruit de nos recherches et de nos méditations; nous l'offrons à la jeunesse studieuse de notre Barreau, en témoignage de l'estime que nous lui portons.

OBSERVATIONS.

Ce Traité est divisé en deux Chapitres :

LE PREMIER contient *les Principes généraux sur la Séparation des Patrimoines* ;

LE SECOND, *la Solution des Questions les plus importantes en cette matière.*

TRAITÉ

ÉLÉMENTAIRE

DE LA SÉPARATION

DES PATRIMOINES.

CHAPITRE PREMIER.

PRINCIPES GÉNÉRAUX.

SOMMAIRE.

1   La loi du 11 brumaire an 7 sur le régime hypothécaire, introduisait-elle un droit nouveau sur la séparation des patrimoines ?

2   La prescription de cinq ans établie par les lois romaines contre les demandes en séparation des patrimoines était-elle admise en France ?

3   Le code civil a-t-il adopté cette prescription ?

4   *La séparation des patrimoines peut-elle être demandée par les créanciers du défunt, dans le cas prévu par l'art. 879 du Code Civil ?*

5   *Sous le Code Civil, dans quel délai se prescrit la demande en séparation des patrimoines,* QUANT AUX MEUBLES ?

6   *A l'égard* DES IMMEUBLES, *pendant quel temps peut-elle être demandée ?*

7   *Quelle innovation l'art. 2111 du Code Civil a t-il apporté aux demandes en séparation des patrimoines ?*

8   *Les créanciers de l'héritier peuvent-ils demander la séparation des patrimoines contre les créanciers du défunt ?*

9   *Les créanciers* CHIROGRAPHAIRES *du défunt peuvent-ils demander la séparation des patrimoines ?*

10   *Contre quels créanciers, les chirographaires peuvent-ils former cette demande ?*

11   *Lorsque l'héritier* A ENGAGÉ DES EFFETS MOBILIERS DE LA SUC-CESSION, *les créanciers du défunt peuvent-ils exercer sur eux leurs droits de séparation ?*

12   *Le créancier ou légataire qui n'a qu'un droit soumis* A UNE CONDITION, *peut-il demander la séparation des patrimoines ?*

13   *Lorsqu'il n'y a qu'une partie des créanciers du défunt qui demandent la séparation des patrimoines, quel en est l'effet ?*

14   *Les créanciers de l'héritier, après que ceux du défunt sont entièrement payés, peuvent-ils exercer leurs droits sur les biens de la succession ?*

16   *En était-il de même à l'égard des créanciers du défunt sur*
     les biens de l'héritier ?

16   *Le Code Civil a-t-il dérogé sur ce point aux anciens prin-*
     cipes ?

1. La loi du 11 brumaire an 7 sur le régime hypothécaire, après avoir réglé l'ordre dans lequel devaient être
colloqués, sur le prix d'un immeuble, les créanciers pri-
vilégiés et hypothécaires, ajoute, art. 14 : *Le tout sans*
préjudice du droit qu'ont les créanciers des personnes
décédées et les légataires, de demander la distinction
et la séparation des patrimoines, conformément aux
lois.

Cette réserve n'introduisait pas un droit nouveau, elle
ne fesait que maintenir le droit précédemment établi.

La Cour de cassation l'a ainsi reconnu par arrêts des 22
janvier et 8 septembre 1806, et 17 octobre 1809.

Ces arrêts sont rapportés par M. Merlin, *Qestions de*
Droit, aux mots *séparation des patrimoines.*

Les motifs de ces arrêts sont : que l'art. 14 de la loi
du 11 brumaire an 7 « a totalement *distrait* des privi-
» léges et hypothèques que cette loi a voulu établir et
» conserver, *le droit de séparation des patrimoines*
» qu'ont les créanciers et légataires des personnes décé-
» dées ; et qu'ainsi on ne peut pas étendre à ce droit de
» séparation les formalités que la même loi n'a prescrites

» que pour la conservation des priviléges et hypothè-
» ques. ».

2.   D'après la loi 1 , §. 13, Dig., *de separationibus*, la
séparation des patrimoines ne pouvait plus être demandée
après *les cinq ans* du jour de l'acceptation de la succession. *Ultra quinquennium, post aditionem numerandum, separatio non postuletur.*

Cette prescription de cinq ans n'était pas admise en
France.

3.   Le Code Civil, en maintenant la demande en séparation des patrimoines, d'après le principe puisé dans les
lois romaines, n'a point non plus adopté cette prescription de cinq ans.

Il dispose, art. 878, que les créanciers peuvent, dans
tous les cas et contre *tous créanciers*, demander la séparation du patrimoine du défunt, d'avec celui de l'héritier.

Ce qui doit s'entendre même contre le fisc, comme le
dit la loi romaine : *Etiam adversus fiscum impetraretur
separatio.* L. 1, §. 4, Dig., *de separationibus.*

4.   Cependant ce droit ne peut plus être exercé, lorsqu'il y a *novation* dans la créance, contre le défunt, par
l'acceptation de l'héritier pour débiteur. Art. 879.

Cette disposition est prise dans la loi romaine.

Nous examinerons, chap. 2, comment s'opère la novation dont parle cet article.

5.   Ce droit, celui de la séparation des patrimoines,

se prescrit, relativement *aux meubles*, par le laps *de trois ans.*

6. A l'égard *des immeubles*, l'action peut être exercée tant qu'ils existent dans la main de l'héritier. Art. 880.

Nous examinerons, chap. 2, si cette action n'est pas prescriptible comme toutes les autres actions civiles.

7. Toutefois, depuis la promulgation de l'art. 2111 du Code Civil, les créanciers du défunt et les légataires doivent prendre, pour conserver leur privilége, *inscription sur chacun des immeubles de la succession*, *dans les six mois à compter de son ouverture.*

Le motif de cet article est pris, suivant M. le conseiller-d'État Treillard, de ce que le système de la publicité des hypothèques ayant été adopté, c'était *le blesser* que de laisser une seule hypothèque ignorée.

Il nous semble que, sans blesser ce système de publicité qui, quoiqu'en dise M. Treilhard, est blessé par les hypothèques *non inscrites* des femmes et des mineurs, on aurait pu accorder aux créanciers et aux légataires un délai plus long que celui *de six mois* à compter de l'ouverture de la succession, surtout lorsque différentes circonstances peuvent rendre ce délai insuffisant par le décès du débiteur, arrivé dans un lieu éloigné de la résidence du créancier.

La loi romaine fut sans doute déterminée par ce motif, lorsqu'elle accorda aux créanciers du défunt un délai de cinq ans.

Délai considéré même comme insuffisant dans notre ancien droit.

Dira-t-on que ce délai *de six mois*, donné aux créanciers du défunt, est une faveur comparée à celui *de soixante jours* accordé au cohéritier ou co-partageant par l'art. 2109, pour prendre inscription et conserver son privilége sur les biens de chaque lot ou sur le bien licité ?

Il est évident que les positions ne sont pas les mêmes.

Le cohéritier ou co-partageant est présent lors du partage ; il assiste à la licitation ; il en est informé à l'instant même ; il a donc tout le temps nécessaire pour inscrire son privilége.

Le créancier, au contraire, qui se trouve éloigné du domicile de son débiteur, ne peut pas connaître l'instant de son décès ; il peut même l'ignorer pendant plusieurs années ; et qu'arrivera-t-il alors? Que les créanciers de l'héritier s'empareront du patrimoine du défunt, au préjudice des créanciers de ce dernier.

Le Code Civil, qui a tant emprunté en cette matière aux lois romaines, aurait bien pu éviter ce grave inconvénient, en accordant aux créanciers du défunt qui voulaient user du bénéfice de la séparation des patrimoines, un délai plus long que celui de six mois pour inscrire leur privilége.

Mais telle est la loi actuelle : le système de la publicité des priviléges et des hypothèques l'a emporté sur tout autre considération. Il faut donc que les créanciers du défunt et les légataires s'y conforment, sous peine de perdre leur privilége et de voir les créanciers de l'héritier. s'enrichir à leurs dépens.

Une question prise dans les dispositions de l'art. 2111, a été soulevée par quelques auteurs accrédités : c'est celle de savoir si la séparation des patrimoines qui, d'après l'art. 880, peut être demandée tant que les immeubles existent dans la main de l'héritier, ne se trouve pas modifiée par l'art. 2111, en ce sens que la demande en séparation, pour être valable, doit être formée et l'inscription prise *dans le même délai* de six mois, à compter de l'ouverture de la succession.

Nous examinerons, chap. 2, cette question importante.

8. Le droit que la loi donne aux créanciers *du défunt* et aux légataires de demander la séparation des patrimoines, elle le refuse aux créanciers *de l'héritier*.

C'est ce que dit formellement l'art. 881 du Code Civil :

« Les créanciers de l'héritier ne sont point admis à de-» mander la séparation des patrimoines contre les créan-» ciers de la succession. »

Le droit romain en avait ainsi disposé, par le motif qu'un débiteur ayant la liberté de s'obliger, pouvait rendre la condition de son créancier moins favorable, en contractant de nouvelles dettes : *Ex contrario autem creditores titü non impetrabunt separationem, nam licet alicui ajiciendo sibi creditorem, créditoris sui facere deteriorem conditionem.* L. 1, §. 2, Dig., *de separationibus.*

Les dettes du défunt, au contraire, ne peuvent être augmentée : la mort en arrête le cours.

Aussi, dit M. Toullier, tom. 4, p. 538 : Le code a pré-
» féré, avec raison, l'autorité du droit romain à l'opinion
» de nos plus célèbres jurisconsultes et à celle de quelques
» arrêts qui avaient jugé que les créanciers de l'héritier
» pouvaient, comme ceux du défunt, demander la sé-
» paration des patrimoines. »

L'art. 881 met donc fin à toute controverse sur ce point.

9. Ce droit, refusé aux créanciers de l'héritier, est donné par la loi aux seuls créanciers du défunt, même aux *chirographaires*, parce que, dit Domat, *Lois Ci-viles*, liv. 3 tit. 2, sect. 1 : « Le droit de séparation est » indépendant de l'hypothèque. » C'est pourquoi les cré-anciers chirographaires peuvent la demander ; le simple effet de leur créauce les fait préférer sur les biens de leur débiteur aux créanciers de son héritier, envers qui le défunt n'était pas obligé.

10. L'art. 880, raproché de l'art. 2111, semblait ne pouvoir se concilier, en ce que, par l'art. 880, les créan-ciers du défunt peuvent exercer l'action en séparation des patrimoines, *à l'égard des immeubles*, tant qu'ils existent dans la main de l'héritier ; tandis que, par l'art. 2111, les créanciers du défunt, pour conserver leur pri-vilége, doivent prendre *inscription* sur chacun des im-meubles de la succession, dans *les six mois* à compter de son ouverture.

A cet égard, dit M. Toullier, tom. 4, n°. 524, il ne faut pas conclure de ces deux dispositions qu'il existe une antinomie entre l'art. 880 et l'art. 2111 , parce que ces créanciers peuvent toujours, et en tous temps, lors même qu'il n'auraient pas pris *d'inscription*, demander la séparation des patrimoines contre les créanciers *chirographaires de l'héritier.*

M. Merlin professe la même doctrine (1).

Il observe que depuis la promulgation de l'art. 2111 , le législateur a eu en vue de modifier l'art. 880, en ce sens que la faculté accordée par cet article aux créanciers du défunt, de demander la séparation de ses *immeubles,* durerait, envers les créanciers *chirographaires de l'héritier*, tout le temps que les immeubles resteraient dans les mains de celui-ci. Mais qu'envers les créanciers *hypothécaires de l'héritier*, qui se seraient fait inscrire sur les biens de la succession, elle ne subsisterait que pendant les six mois qui suivraient la mort du défunt.

Cette distinction nous paraît juste ; elle est fondée sur les dispositions de l'art. 878 du Code Civil : « Les créan- » ciers peuvent, dans tous les cas et *contre tous créan-* ». *ciers,* demander la séparation des patrimoines *du défunt*, d'avec le patrimoine *de l'héritier.* »

Par ces mots *contre tous créanciers,* on entendait tant les *chirographaires* que *les hypothécaires.* Rien n'est

---

(1) Répert. de Jurisp, tom. 16, pag. 71, 5ᵉ. édition.

2

changé en ce qui se rapporte aux créanciers *chirogra-*
phaires de l'héritier. Pour exercer contre eux la demande
en séparation des patrimoines, les créanciers du défunt
n'ont pas besoin *de prendre inscription*.

Il en est autrement à l'égard des créanciers *hypothé-*
caires de l'héritier, il faut, pour primer ceux-ci, que les
créanciers du défunt et les légataires, depuis la promulgation de l'art. 2111, fassent inscrire leur privilége *sur*
les immeubles de la succession, dans les six mois à compter de son ouverture.

C'est pourquoi qu'aux termes du même article, aucune
hypothèque, avant l'expiration de ce délai de six mois,
ne peut être établi *avec effet*, sur ces immeubles, par
les héritiers ou représentants du défunt, au préjudice
des créanciers du défunt ou légataire.

Les créanciers du défunt peuvent encore exercer, *sur*
le mobilier de celui-ci, le droit de séparation des patrimoines, à moins qu'il soit tellement confondu avec
celui de l'héritier, qu'il devienne impossible de distinguer et reconnaître ce qui appartient au défunt.

Et comme la difficulté de faire cette distinction augmente
avec le temps, le Code Civil a voulu, dit M. Toullier,
que le droit de demander la séparation des patrimoines
se prescrivît, relativement *aux meubles*, par le laps *de*
trois ans.

11. Si l'héritier avait seulement engagé *des effets*
mobiliers de la succession, les créanciers du défunt pour-

raient exercer sur ces effets leur droit de séparation, parce que ce droit peut être exercé tant que *la propriété* demeure à l'héritier, et cet engagement ne l'en prive pas. L. 1, §. 3, Dig., *de separationibus.*—Domat, *loco citato.*

12. Un créancier ou légataire de qui le droit dépendrait *d'une condition* qui ne serait pas encore arrivée, ou qui serait sursis par un terme qui ne serait pas échu, pourrait néanmoins *demander la séparation* pour leur sureté. *Creditoribus qui ex die vel sub conditione debentur, et propter hoc nondum pecuniam petere possunt, œquè separatio dabitur, quoniam et ipsis cautione communi consuletur.* L. 4, Dig., *de separat.*

L'art. 1180 du Code Civil vient à l'appui de ce principe. Il porte : « Le créancier peut, avant que la condition soit » accomplie, exercer tous les actes conservatoires de son » droit. »

13. Lorsqu'il n'y a qu'une partie des créanciers du défunt qui demande la séparation des patrimoines, quel en est l'effet ?

Il est le même pour eux, dit M. Merlin, que si tous l'avaient demandée ; c'est-à-dire qu'ils sont préférés aux créanciers de l'héritier sur les biens du défunt, non pas pour la totalité de leurs créances, mais seulement à concurrence de ce qu'ils y auraient pris si les autres créanciers de la succession avaient obtenu la séparation comme eux.*

---

* Répert. de Jurispr., tom. 16, pag. 74, 5ᵉ édit.

La condition d'un créancier, dit M. Grenier (1), ne peut être changée par la circonstance que les autres n'ont pas fait valoir leurs droits, surtout si, par l'amélioration de la condition de ce créancier, d'autres que ceux qui pouvaient concourir avec lui en éprouvent du préjudice.

La masse des biens de l'héritier est augmentée de tous les biens du défunt, si les créanciers de celui-ci n'ont point demandé la séparation ; cette masse doit donc profiter proportionnellement de ce que chacun de ces créanciers aurait pris dans les biens du défunt.

La portion des créanciers qui n'ont point demandé la séparation, se trouvant réunie aux biens de l'héritier, ne peut pas en être détachée *au profit d'un créancier qui reçoit sur les biens héréditaires tout ce qu'il devait en attendre*, avec d'autant plus de raison, que les créanciers qui ont cessé d'être les créanciers *de la succession*, n'eu restent pas moins créanciers *de l'héritier*, et qu'ils concourront, avec ses créanciers personnels, *sur ce qui restera des biens du défunt*.

Il suit de ces observations, ajoute M. Grenier, que ceux des créanciers du défunt qui auront exercé l'action en séparation, *primeront*, sur les biens de la succession, *tous les autres créanciers du défunt et de l'héritier*, mais seulement jusqu'à concurrence de ce qu'ils auraient

-----

(2) Traité des Hypothèques, n° 435, tom. 2, pag. 298.

eu si les autres créanciers du défunt étaient venus prendre ce qu'ils avaient le droit de réclamer.

Cette solution donnée à cette question par M. Grenier paraît rentrer dans celle de M. Merlin; mais elle est plus explicite, en ce sens qu'elle laisse entrevoir que le créancier du défunt qui a demandé la séparation, *une fois payé sur les biens de la succession de ce qui devait lui revenir*, le reliquat des biens du défunt profite tant aux créanciers de l'héritier qu'à *ceux du défunt qui n'ont pas demandé la séparation. Ce qui est juste et conforme aux principes.*

14. On décide communément, dit la loi 1, §. 17, Dig., *de separationibus*, que *les créanciers de l'héritier peuvent exercer leurs droits sur les biens du défunt, après que les créanciers de la succession ont été entièrement payés.*

Tous les auteurs qui ont commenté cette loi en approuvent le principe.

15. Mais en est-il de même à l'égard *des créanciers du défunt?* Ceux-ci, après avoir demandé la séparation des patrimoines, et épuisé les biens de la succession, *peuvent-ils recourir, sur les biens de l'héritier, pour être payés de ce qui leur reste dû?*

Cette question, dit M. Merlin, est difficile par la contrariété des lois qui l'ont prévue.

En effet, les lois romaines ne sont pas sur ce point d'accord entre elles

Il est dit, dans le même paragraphe de la loi précitée, que les créanciers du défunt ne peuvent point exercer leurs droits sur les biens de l'héritier : *creditores vero testatoris ex bonis heredis nihil.*

La raison qu'en donne Ulpien dans cette loi, est prise de ce que les créanciers du défunt qui demandent la séparation des patrimoines, doivent s'imputer leur imprudence, *suam facilitatem*, si les biens de l'héritier étant suffisants pour les payer, ils ont mieux aimé se faire distraire les biens du défunt; au lieu qu'on ne peut rien imputer de semblable aux créanciers particuliers de l'héritier. Si donc les créanciers *du défunt* demandaient à être colloqués sur les biens de l'héritier, ils ne seraient point admis dans leur demande, *non sunt audiendi*, parce que la séparation qu'ils ont demandée les rend étrangers par rapport aux biens de l'héritier.

Cependant, ajoute cette loi, si les créanciers du défunt n'avaient agi que légèrement, on pourrait leur faire grâce, *impetrare veniam possunt*; pourvu qu'ils alléguassent une juste raison, *justissima causa*, qui leur a fait ignorer le véritable état des biens de la succession.

La loi 3, §. 2 *du même titre*, dit, au contraire, que, par rapport au créancier qui a obtenu la séparation des patrimoines, il est plus avantageux, *commodius est*, de décider que s'il n'a pas pu se faire payer en entier de sa créance sur les biens de la succession, il peut se rejeter sur ceux *de l'héritier après que ses créanciers particu-*

liers auront été satisfaits : *Si proprii creditores heredis fuerint demissi ;* de même qu'il est hors de doute, *quod sine dubio admittendum est,* que les créanciers particuliers d'un débiteur qui a accepté une succession, peuvent se rejeter sur les biens de la succession, après que les créanciers du défunt auront été payés.

Le jurisconsulte Paul, dans la loi 5, blâme cette décision, quoiqu'émanée du grand Papinien, et adopte celle d'Ulpien, en ces termes :

« Si les créanciers *particuliers de l'héritier étaient* » *satisfaits,* quelques-uns pensent, *quidam putant,* que » ce qui resterait devrait être distribué *aux créanciers* » *du défunt.* Je ne suis point de cet avis, *mihi autem id* » *non videtur,* car, dès qu'ils ont demandé la séparation » des patrimoines, ils ont abandonné la personne de l'héritier pour s'en tenir aux biens de la succession. »

Cujas, commentant ces lois, dit que l'opinion de Papinien doit être entendu *de æquitate,* et celles d'Ulpien et de Paul, *de rigore juris.*

Despeisses est du même sentiment.

Néanmoins, Rousseaud de la Combe, sur Despeisses, tom. 1, pag. 745, pense que la décision de Papinien étant fondée sur *l'équité,* comme Cujas en convient lui-même, on doit la préférer à celles d'Ulpien et de Paul ; qu'il faut tenir, soit que les créanciers du défunt qui ont demandé la séparation des patrimoines aient su ou ignoré la valeur des biens de l'héritier, que ces créanciers n'en sont pas moins fondés à venir, pour ce qui leur reste dû, sur les biens de l'héritier, *après que ses propres créanciers ont été payés*, parce que cette demande en séparation n'efface pas l'adition de l'héritier.

Le Brun, *Traité des Successions*, pag. 630, n° 26, examine quels sont les effets de la séparation des patrimoines. Il établit d'abord qu'ils consistent : en ce que les créanciers du défunt se vengent sur ses biens et les épuisent jusqu'à ce qu'ils soient entièrement satisfaits; il observe ensuite que, d'après les décisions des jurisconsultes Ulpien et Paul, ils ne peuvent prétendre de retour sur ceux de l'héritier, au cas que les biens du défunt ne suffisent pas.

Toutefois, indiquant l'opinion contraire de Papinien, il en tire la conséquence *que la grande autorité de ce dernier, la raison et l'équité, demandent que son sentiment prévale sur tous les autres,* car, ajoute-t-il, la séparation obtenue par les créanciers du défunt, n'était pas capable d'effacer l'adition ou l'immixtion de l'héritier, et ne servait pas d'exception à la maxime : *Qui semel heres, nunquam desinit heres.* Ainsi, dit Lebrun, l'héritier demeurait toujours sujet à l'action personnelle, *et ses propres créanciers payés,* il était juste que ceux *du défunt* le fussent *sur le résidu.*

Pothier et Domat sont du même avis.

Raviot sur Perrier, dit que les lois d'Adrien et de Paul, *de separationibus,* n'étaient point suivies en France.

Tels sont les principes anciens. En doit-il être de même sous le Code Civil ?

16.   L'art. 878, en autorisant les créanciers à demander la séparation du patrimoine du défunt d'avec celui de l'héritier, garde le silence sur les effets que doit avoir cette séparation une fois demandée.

Ils peuvent bien, d'après l'art. 880, exercer ce droit sur *les meubles* et *les immeubles de la succession;* mais, en cas d'insuffisance des biens du défunt, peuvent-ils, pour le surplus de leurs créances, recourir sur les biens de l'héritier ?

Le Code Civil ne se prononce pas.

Les créanciers de l'héritier sont-ils en droit de se prévaloir, *sur le résidu* des biens du défunt, après que les créanciers de celui-ci auront été entièrement payés ?

Le Code Civil n'en dit rien.

L'art 2111 indique bien aux créanciers du défunt le moyen de conserver leur privilége *sur les immeubles* de la succession ; mais ce privilége conservé, le Code Civil ne dit pas si, en cas d'insuffisance des biens de la succession, ils pourront recourir sur les biens de l'héritier ?

Il nous semble que les lois romaines, si souvent invoquées en cette matière, auraient dû, dans cette circonstance, arrêter particulièrement l'attention des rédacteurs du Code, avec d'autant plus de raison qu'ils devaient savoir que les jurisconsultes romains étaient divisés d'opinion sur les effets à donner à la séparation des patrimoines, et que nos auteurs les plus célèbres n'étaient pas, sur ce point, d'accord entr'eux ; que les uns embrassaient l'opinion de Papinien par esprit *d'équité*, tandis que les autres invoquaient, avec Ulpien et Paul, *la rigueur du droit.*

Il était donc nécessaire, dans ce conflit de lois et d'opinions, de poser dans le Code Civil une règle fixe qui eût donné une sanction légale, soit à la loi d'équité *de Papinien*, soit à celles d'Ulpien et de Paul, et on ne verrait pas encore aujourd'hui surgir de nouvelles discussions entre les créanciers de l'héritier et ceux du défunt sur leurs droits respectifs, après la séparation des patrimoines effectuée.

Les rédacteurs du Code Civil ont bien senti la nécessité de mettre fin, par l'art. 881, aux demandes *des créanciers de l'héritier* en séparation des patrimoines *contre les créanciers du défunt ;* ils se sont attachés au droit romain, comme consacrant un principe qui enlevait à l'héritier tout moyen de fraude, et ont ainsi tari la source de bien des procès. Comment, dans cette circonstance, n'en ont-ils pas agi de même, en se prononçant sur une question qui divise le plus les jurisconsultes romains et les nôtres, celle de savoir si les créanciers du défunt, après que les biens de la succession sont épuisés et reconnus insuffisants pour les payer, peuvent recourir sur les biens de l'héritier, *et s'ils ne doivent exercer ce re-*

cours qu'après que les créanciers personnels de l'héritier auront été eux-mêmes payés de la totalité de leurs créances ?

Cette question laissée sans solution dans le Code Civil, donne déjà lieu à des commentaires qui, loin de trancher les anciennes difficultés, en font naître de nouvelles.

Que disent, en effet, MM. Toullier, Chabot et Persil, sur cette question ?

M. Toullier, tom. 4, nº 528, pose en principe, que les créanciers du défunt qui n'ont pas été payés entièrement sur les biens de la succession, n'en sont pas moins autorisés à exercer leurs droits sur les biens des héritiers ; mais il n'admet pas cette restriction : *après que les créanciers de l'héritier sont satisfaits.*

Il trouve cependant cette restriction *assez équitable* ; mais elle peut, selon lui, souffrir de la difficulté sous l'empire du Code Civil. On ne voit rien, dit-il, qui autorise, en ce cas, *les créanciers de l'héritier* à être payés *de préférence* sur les biens de leur débiteur, lorsque les créanciers du défunt ont demandé la séparation des patrimoines.

M. Chabot, dans son commentaire sur le titre *des successions*, art. 878, pense que, dans ce cas, si tous les créanciers, soit de la succession, soit des héritiers, *n'ont pas d'hypothèque*, ils doivent venir tous également par concurrence sur les biens propres des héritiers.

Et que ceux *qui sont hypothécaires*, doivent être

préférés suivant l'ordre des hypothèques. Cela, dit-il, est
conforme aux principes établis par le Code Civil, et il
n'y a pas été dérogé pour le cas particulier dont il s'agit.

Il ajoute : il n'est pas dit, dans l'art. 878, que les créanciers de la succession, en demandant la séparation des
patrimoines, perdent les droits qu'ils ont acquis sur les
biens personnels de l'héritier, par l'acceptation qu'il a faite
de la succession ; ils les conservent donc tout entiers,
comme s'ils n'avaient pas demandé la séparation. En
usant d'un bénéfice que la loi leur accorde, ils ne peuvent être privés du bénéfice des autres dispositions du
Code, auxquelles il n'a pas été dérogé contr'eux.

Pothier avait dit aussi que la séparation des patrimoines
introduite en faveur des créanciers de la succession, ne
devait pas être *rétorquée* contr'eux. En la demandant,
ils n'ont pas eu l'intention de libérer l'héritier de l'obligation qu'il a contractée envers eux par l'acceptation de
la succession, mais seulement d'être préférés *sur ces
biens* aux créanciers de l'héritier.

» Mais au moins, ajoute Pothier, ils ne doivent être
» payés *sur les biens de l'héritier, qu'après les créan-*
» *ciers de l'héritier,* quoiqu'ils puissent dire qu'étant
» aussi créanciers, ils doivent venir *en concurrence* sur
» les biens de l'héritier avec les autres créanciers ; car,
» puisqu'on leur sépare *ceux de la succession* dans les-
» quels *les créanciers de l'héritier* pourraient demander
» *une concurrence* avec eux, *il est équitable que les*

» *créanciers de la succession leur laissent les biens de*
» *l'héritier.* »

Cette doctrine, qui est aussi celle de Domat, et qui a pour principe la loi romaine dont Papinien est l'auteur, se trouve-t-elle abrogée par quelques dispositions du Code Civil ?

M. Persil (1) prétend que, sous le Code Civil, la doctrine de nos anciens auteurs ne doit pas être suivie ; il se fonde particulièrement sur les dispositions de l'art. 2093 du Code, portant *que les biens du débiteur sont le gage commun de ses créanciers, et que le prix s'en distribue entr'eux par contribution, à moins qu'il n'y ait entre les créanciers des causes légitimes de préférence.*

Il n'existe nulle part, dit M. Persil, de dérogation à ce principe.

Nous pensons, au contraire, qu'il est formellement dérogé à ce principe *en matière de séparation des patrimoines.*

En effet, si comme le dit encore cet auteur, l'héritier, par son acceptation pure et simple, s'engage envers les créanciers du défunt aussi fortement qu'envers ses propres créanciers, ils auront alors *tous* le droit de considérer, et les biens de la succession, et ceux de l'héritier, comme *leur gage commun,* pouvant s'en prévaloir *indis-*

---

(1) Régime Hypothécaire, tom. 1er. pag. 281, 4e. édition.

tinctement pour poursuivre sur eux le paiement de leur créance.

Eh bien ! peut-il en être ainsi, lorsqu'il y a séparation des patrimoines ? Non, sans doute, puisque du moment que cette séparation est établie, le patrimoine du défunt devient exclusivement le gage de ses créanciers.

Pourquoi n'en serait-il pas de même du patrimoine de l'héritier par rapport à ses créanciers personnels ?

Ce serait, dit M. Persil, introduire la séparation des patrimoines en faveur des créanciers de l'héritier, ce que la loi a formellement interdit.

Mais la loi 1, §. 2 *de separationibus*, n'admettait pas plus que l'art. 881 du Code Civil, les créanciers de l'héritier à demander la séparation des patrimoines, et cependant Papinien, et après lui nos plus célèbres jurisconsultes, ne trouvaient point, dans cette prohibition, d'obstacle à ce que les créanciers personnels de l'héritier fussent satisfaits, sur les biens de leur débiteur, avant que les créanciers du défunt pussent y prendre part.

Ce qui nous détermine à penser que l'art. 2093 ne trouve pas une application directe aux demandes en séparation des patrimoines.

Quant à M. Merlin, tout en disant que la question est difficile, il ne la traite point directement ; il paraît s'en référer à l'opinion de M. Chabot.

Examinons donc le mérite de cette opinion.

Sous le Code, comme dans l'ancien droit, celui qui se

porte héritier pur et simple confond ses biens personnels avec ceux de la succession, ce qui donne aux créanciers du défunt, par l'adition d'hérédité, le droit d'être payés, tant sur les biens personnels de l'héritier que sur ceux de la succession.

Ce droit donné aux créanciers du défunt, est également donné aux créanciers personnels de l'héritier, sur les biens de la succession.

Mais cet état de chose se modifie nécessairement par la demande *en séparation du patrimoine du défunt d'avec le patrimoine de l'héritier.*

Par cette séparation, les créanciers du défunt *peuvent absorber à eux seuls les biens de la succession,* et s'ils sont insuffisants pour les payer entièrement, ils peuvent, pour *ce qui leur reste dû,* revenir sur les biens personnels de l'héritier.

Mais ne doivent-ils être payés de ce qui leur est encore dû, *qu'après que les créanciers de l'héritier sont satisfaits,* ou doivent-ils venir *en concurrence* avec eux sur les biens de l'héritier?

Voilà la question à résoudre.

Une raison *d'équité* avait introduit, en faveur des créanciers de l'héritier, *une restriction* au droit donné aux créanciers du défunt *de revenir sur les biens de l'héritier après avoir épuisé les biens de la succession.*

Au moyen de cette restriction, *les créanciers du défunt ne pouvaient être payés sur les biens de l'hé-*

ritier qu'après que les créanciers de l'héritier auraient été eux même *soldés du montant de leurs créances* sur ces biens, comme appartenants à leur débiteur direct.

Il y avait en cela *une juste réciprocité*, puisque, de leur coté, *les créanciers de l'héritier ne pouvaient recourir sur les biens de la succession* qu'après que les créanciers *du défunt* auraient été entièrement payés.

Aussi M. Toullier, tout en doutant que *cette restriction* puisse se concilier avec les dispositions du Code, la reconnaît fondée *en équité*.

Quelles sont donc les dispositions du Code qui auraient enlevé aux créanciers de l'héritier un droit généralement reconnu juste et équitable.

Nous avons dit que le Code Civil ne contenait à cet égard aucune disposition formelle, ce qui ferait supposer que le législateur aurait, sur ce point, maintenu les anciens principes.

M. Chabot dit que les créanciers du défunt, en usant d'un bénéfice que la loi leur donne, ne peuvent être privés du bénéfice des autres dispositions du Code, auxquelles il n'a pas été dérogé contr'eux; d'où il tire la conséquence que, dans le cas particulier dont il s'agit, si tous les créanciers, soit de la succession, soit de l'héritier, n'ont pas *d'hypothèques*, ils doivent venir tous également *par concurrence* sur les biens propres de l'héritier.

Quant à ceux qui sont *hypothécaires*, ils doivent être préférés suivant l'ordre des hypothèques.

Pour arriver à cette conséquence, il faut embrasser dans son ensemble, non-seulement le Code Civil, mais encore le Code de Procédure, *quoique muet sur la séparation des patrimoines.*

C'est ce que fait M. Chabot pour étayer sa doctrine.

Point de douté que, d'après les principes posés *dans le Code de Procédure,* lorsqu'il est question de distribuer entre des créanciers, *tous chirographaires,* le prix d'objets mobiliers, la distribution doit s'en faire entr'eux *par contribution.*

Si au contraire il s'agit du prix *d'un immeuble,* et que, parmi les créanciers, il s'en trouve qui soient *hypothécaires,* la distribution s'en fait alors, conformément au Code Civil, *par ordre d'ypothèques* entre les créanciers *inscrits, et par contribution* entre les créanciers qui ne le sont pas.

Mais peut-on bien appliquer ces principes généraux au cas particulier dont il est ici question.

Il ne faut pas perdre de vue qu'il s'agit *de séparation de patrimoines.* Que les créanciers du défunt ne doivent qu'à la faveur *de cette séparation* le droit de s'emparer *exclusivement* des biens de la succession, et que si on n'use pas envers eux *de la rigueur du droit* qui ne leur permettrait pas de revenir sur les biens de l'héritier *après s'être fait distraire les biens du défunt,* du moins est-il *équitable,* comme le dit Pothier, que les créanciers du défunt laissent aux créanciers de l'héritier le droit d'être payés *avant eux* sur les biens de l'héritier.

Or, cette loi *d'équité* si généralement adoptée et mise si long-temps en pratique, peut-elle avoir été tacitement abrogée par le Code Civil ?

S'il en était ainsi, toute la faveur serait pour les créanciers du défunt.

En effet, les créanciers *de l'héritier*, d'après l'art. 2111 du Code Civil, ne pourraient, *eussent-ils des hypothèques judiciaires*, prendre utilement inscription sur *les immeubles de la succession*, qu'après *les six mois* de son ouverture ; lorsque rien n'empêcherait les créanciers *du défunt,* après avoir inscrit *leur privilége* dans le délai de la loi sur les biens *de la succession,* de prendre *en même temps,* si leurs hypothèques *sont judiciaires,* inscription sur les biens *de l'héritier,* pour se ménager, en cas d'insuffisance des biens de la succession, le moyen *de primer* les créanciers de l'héritier sur les biens personnels de ce dernier.

Et comme ils peuvent encore user, *sans inscription,* du bénéfice de la séparation des patrimoines contre les créanciers *chirographaires de l'héritier*, ils reviendraient, après avoir épuisé les biens de la succession, sur ceux de l'héritier pour compléter leur paiement, et, se prévalant d'abord sur ces biens de leurs hypothèques judiciaires, ils ne laisseraient aux créanciers de l'héritier d'autres ressources que de venir *en concurrence* avec eux sur les biens de leur débiteur direct, dans le cas encore où ces biens ne seraient pas absorbés par leurs hypothèques judiciaires.

C'est ce que *l'équité* ne voulait pas. Et si on doit repousser les lois d'Ulpien et de Paul comme trop rigoureuses contre les créanciers du défunt, au moins doit-on laisser subsister la loi de Papinien, loi aussi juste qu'équitable, et que le Code Civil n'a pas formellement abrogée.

N'était-ce pas en outre *une espèce de privilége* que la loi accordait *aux créanciers de l'héritier*, en les autorisant à se payer sur les biens de l'héritier *par préférence* aux créanciers du défunt : *le privilége* en effet n'est autre que le droit donné à un créancier d'être préféré à un autre créancier.

Or, ce privilége que tant de raisons d'équité avait fait introduire dans notre droit français, qui a pour lui l'opinion de nos plus célèbres jurisconsultes, doit, à notre avis, être maintenu dans les séparations de patrimoines, par ce motif encore que le Code Civil n'a imposé *qu'aux seuls créanciers et légataires du défunt,* l'obligation de prendre *inscription* sur les immeubles de la succession *pour conserver leur privilége* ; qu'il n'a pas imposé la même obligation aux créanciers de l'héritier pour conserver *celui* que la loi et la jurisprudence leur accordaient *sur les biens de l'héritier.*

D'où la conséquence que les choses, par rapport aux créanciers *de l'héritier*, sont restées les mêmes ; qu'ils peuvent, comme par le passé, se prévaloir *de ce privilége* sur les biens de l'héritier; et que si telle n'avait pas été la volonté du nouveau législateur, s'il eût voulu se montrer moins juste, moins équitable que ceux qui l'avaient précédé, il eût rejeté *ce privilége* par une disposition *formelle*. Or ne l'ayant pas fait, il doit encore, en cette matière, servir de règle entre les créanciers de l'héritier et les créanciers du défunt. *Semper in dubiis benigniora præferenda sunt.* L. 56, *de regulis juris.*

Au surplus, avec quelques réflections, on ne pourra se dissimuler que tous les arguments contraires à la doctrine que nous soutenons, n'ont de force apparente que parce qu'on veut appliquer à une matière toute exceptionnelle les principes généraux établis par le Code Civil, pour les matières ordinaires.

Certes, nous n'avons pas la prétention d'avoir résolu cette grave et importante question, surtout lorsque M. Merlin, l'homme de la science, en la déclarant difficile, en a laissé à d'autres la solution.

Mais si nous avons seulement attiré sur elle l'attention des jurisconsultes et des magistrats, notre but sera rempli.

FIN DU CHAPITRE PREMIER.

CHAPITRE II.

QUESTIONS DIVERSES.

QUESTION PREMIÈRE.

Les créanciers et les légataires du défunt qui ont pris inscription sur les immeubles de la succession dans le délai prescrit par l'art. 2111 du Code Civil, sont-ils tenus à d'autres formalités pour conserver le privilége de la séparation des patrimoines ?

SOMMAIRES.

19 *Opinions contraires.*

20 *Réfutation.*

21 *Comment la séparation des patrimoines est-elle ordinairement exercée ?*

22 *Quel est le sort de l'inscription prise hors le délai prescrit par l'art. 2111 ?*

23 *Le créancier inscrit* ANTÉRIEUREMENT *à l'ouverture de la succession, peut-il demander la séparation des patrimoines ?*

24 *Quelles précautions les créanciers du défunt peuvent-ils prendre pour assurer l'exercice de leur droit de séparation sur* LES MEUBLES *de la succession ?*

25 *Les créanciers du défunt sont-ils préférés* AUX LÉGATAIRES *sur les biens de la succession ?*

L'art. 2111 est ainsi conçu :

17. « Les créanciers et légataires qui demandent la
» séparation des patrimoines du défunt, conformément
» à l'art. 878, au titre *des successions,* conservent, à l'é-
» gard des créanciers des héritiers ou représentants du
» défunt, leur privilége sur les immeubles de la succes-
» sion , par les inscriptions faites sur chacun de ces
» biens, dans les six mois à compter de l'ouverture de
» la succession.

» Avant l'expiration de ce délai, aucune hypothèque
» ne peut être établie avec effet, sur ces biens, par les
» héritiers ou représentants, au préjudice de ces cré-
» anciers ou légataires ».

18. D'après cet article, les créanciers et les légataires
qui veulent user de la faculté que leur donne l'art. 878
du Code Civil, de demander la séparation des patrimoines,
doivent, pour conserver *leur privilége*, prendre *inscription* sur les immeubles de la succession dans les six
mois à compter de son ouverture.

A ne consulter que la simple raison, il nous semble
que telle est la seule formalité à remplir, *celle de l'inscription.*

19. Il n'en est pas ainsi, disent MM. Grenier, Chabot et
Merlin : *cette inscription* ne produit *d'effet* que dans le
cas où elle est accompagnée ou suivie d'une demande
en séparation des patrimoines *formée dans le même
délai que l'inscription.*

Sur quoi ces auteurs se fondent-ils pour émettre une
telle opinion ?

Sur ces expressions de l'art. 2111 : Les créanciers et
légataires *qui demandent la séparation des patrimoines,* conservent, etc.

Ils trouvent dans ces expressions la preuve que l'art.
2111 a modifié l'art. 880, du moment que cet art. 2111
n'impose le devoir de s'inscrire que lorsque les créanciers *demandent* la séparation des patrimoines.

20 C'est évidemment donner à ces expressions de l'art. 2111 un 'sens que le législateur n'a pas voulu y attacher.

Par ces mots : *qui demandent la séparation*, on ne peut entendre que ceux-ci : *qui veulent demander*, *qui ont droit de demander*, ainsi que M. Troplong le fait remarquer avec raison (1).

Sans doute, cet art. 2111 a modifié l'art. 880; mais en quoi? Sur un seul point, celui d'imposer aux créanciers et aux légataires du défunt l'obligation de prendre, *sur chacun des immeubles de la succession*, inscription pour conserver leur privilége, obligation que l'art. 880 ne leur imposait pas précédemment, ce qui néanmoins ne les empêchent point d'exercer, en vertu de ce même art. 880, *leur privilége sans inscription* contre les créanciers *chirographaires* de l'héritier (2).

Quel était d'ailleurs le but de cet art. 2111, en prescrivant aux créanciers et aux légataires du défunt de prendre inscription *dans un délai déterminé* ?

M. Treilhard, orateur du gouvernement, nous l'a fait connaître; c'était de rendre *public,* par l'inscription, *le privilége* des créanciers et légataires du défunt qui avaient, conformément à l'art. 878, le droit de deman-

---

(1) Traité des Privil. et Hypot., t. 1, p. 494.
(2) Voir chap. 1, n°. 10.

der la séparation des biens meubles *et immeubles* de la succesion, d'avec ceux de l'héritier. •

La publicité *du privilége* en cette matière, voilà tout ce que la loi voulait pour qu'il fût *conservé ;* elle n'a pas exigé autre chose.

Comment donc des auteurs aussi versés dans la science du droit, peuvent-ils prétendre que *l'inscription* prise en vertu de l'art. 2111 ne produit *d'effet* que tout autant qu'elle est accompagnée ou suivie *d'une demande* en séparation des patrimoines, formée *dans le même délai que l'inscription.*

Outre que c'est exiger une formalité que la loi ne prescrit pas, c'est encore, comme l'a décidé la Cour royale de Lyon (1), confondre *la demande* en séparation des patrimoines, avec *le privilége sur le patrimoine.* Pour intenter celle-là, la loi n'a pas fixé de terme, tandis que, pour conserver celui-ci, elle a voulu que les créanciers et les légataires prissent *inscription* dans les six mois de l'ouverture de la succession.

M. Tarrible professe la même doctrine ; il s'exprime en ces termes :

« Lorsque les créanciers de la succession ont rempli » cette formalité, *celle de l'inscription* dans le délai » prescrit, ils conserveront, *dans toute sa plénitude,* » le droit de séparation des patrimoines. » (2)

---

(1) Arrêt du 17 avril 1822. Dalloz, J. g., tom. 9, p. 17.
(2) Répert., *privilége,* pag. 38, col. 2.

La Cour royale de Colmar a également décidé, par arrêt du 3 mars 1834 (1), que l'inscription prise dans le délai prescrit par l'art. 2111 n'avait pas besoin, pour conserver *le privilége* de la séparation des patrimoines, *d'être précédée* d'une demande en séparation des patrimoines.

La Cour de cassation a elle-même posé en principes, dans son arrêt du 8 novembre 1815 (2), que la demande en séparation des patrimoines était recevable en tout état de cause, *même en appel.*

Il est donc certain que c'est ajouter aux dispositions de l'art. 2111, que d'exiger d'autres formalités que celle de l'inscription, parce qu'en conservant *le privilége*, elle conserve *l'action* qui en est la suite et la conséquence.

21. Comment d'ailleurs cette action est-elle exercée par les créanciers et les légataires ?

Ordinairement c'est par une simple demande en collocation *par privilége* sur le prix de vente des immeubles de la succession.

Pour justifier *ce privilége*, ils produisent avec leur titre de créance, *l'inscription* par eux prise dans le délai prescrit par l'art. 2111 du Code Civil.

C'est ce qui se pratique journellement dans *les or-*

---

(1) Dalloz, 35-2-9.
(2) Sirey, 16-1-137.

dres, parce que *le prix* représente *l'immeuble,* comme nous l'établirons.

Nous pouvons ajouter que nos recherches n'ont pu nous faire découvrir, soit un jugement, soit un arrêt qui aurait rejeté une semblable demande *en colloca-tion par privilége,* faute par les créanciers du défunt *d'avoir formé leur demande* en séparation des patrimoines *dans les six mois* de l'ouverture de la succession.

Ce qui prouve que le système des auteurs que nous avons indiqués, ne trouve point d'appui dans la jurisprudence.

22. Quel sera maintenant le sort *de l'inscription* prise par les créanciers et les légataires, *hors du délai* prescrit par l'art. 2111 ?

Dans ce cas, *le privilége* de la séparation des patrimoines dégénérera *en simple hypothèque,* et l'inscription n'aura de rang, *à l'égard des tiers,* que du jour de sa date.

C'est ce qui résulte des dispositions de l'art. 2113 du Code Civil.

C'est alors que les créanciers et les légataires auront à se reprocher d'avoir négligé de faire inscrire leurs priviléges dans le délai prescrit.

Il peut même résulter de cette négligence qu'ils soient *primés* par des créanciers de l'héritier, en vertu d'hypothèques nouvellement créées par l'héritier sur les biens de la succession, parce que celui-ci, dit M. Toullier, ayant la faculté d'aliéner, a aussi celle d'hypothéquer.

23. Mais que devrait-il être décidé, si les créanciers du défunt avait pris inscription, *pendant son vivant*, sur les immeubles qui leur auraient été hypothéqués? Devraient-ils renouveler leurs inscriptions *dans les six mois* de l'ouverture de la succession, pour conserver le droit *de demander la séparation des patrimoines?*

Pour résoudre cette question, il ne faut pas perdre de vue le but que le législateur s'est proposé en insérant dans le Code Civil l'art. 2111.

Son but a été de modifier l'art. 878, en appliquant, aux demandes en séparation des patrimoines, *le système de la publicité des hypothèques.* Aussi a-t-il prescrit, par cet art. 2111, aux créanciers hypothécaires du défunt, de prendre inscription, dans un délai déterminé, sur les immeubles de la succession.

Or, le créancier du défunt qui, avant le décès de celui-ci, a fait inscrire son hypothèque, n'a-t-il pas donné à sa créance une publicité suffisante.

A quoi lui servirait-il de prendre une nouvelle inscription? Celle déjà existante peut-elle être ignorée de l'héritier et de ses créanciers? Non, sans-doute. Le but de la loi est donc rempli; d'où la conséquence que ce créancier est en droit d'exercer l'action *en séparation des patrimoines.*

L'art. 834 du Code de Procédure civile nous fournit un exemple qui doit trouver ici son application.

Il est dit, dans cet article, que les créanciers qui, ayant une hypothèque, n'auront pas fait inscrire leurs titres *antérieurement* aux aliénations qui seront faites à l'avenir des immeubles hypothéqués, ne seront reçus à requérir la mise aux enchères, *qu'en justifiant* de l'inscription qu'ils auront prise depuis l'acte translatif de propriété, et au plus tard *dans la quinzaine de la transcription.*

Il suit de là que les créanciers *antérieurement inscrits,* comme ceux qui le seront *dans la quinzaine de la transcription,* peuvent exercer le même droit.

Pourquoi n'en serait-il pas ainsi du créancier *inscrit antérieurement* à l'ouverture de la succession, comme de celui inscrit *dans les six mois* de son ouverture? Ne sont-ils pas l'un et l'autre créanciers du défunt? Ne se trouvent-ils pas l'un et l'autre inscrits avant l'expiration du délai donné par l'art. 2111 aux créanciers du défunt pour user du bénéfice de la séparation des patrimoines.

Il y a donc ici parité de raison pour donner au créancier inscrit *avant l'ouverture de la succession*, le même droit que la loi donne au créancier inscrit *dans les six mois de son ouverture.*

Décider autrement, ce serait mettre sur la même ligne le créancier inscrit *antérieurement* à l'ouverture de la succession et le créancier inscrit *postérieurement* à l'expiration *des six mois* du jour de son ouverture.

Ce qui ne doit pas être, parce que le premier se trouve inscrit dans un délai utile pour faire valoir *son privilége*, tandis que le second rentre dans la classe *de simple créancier hypothécaire*, aux termes de l'art. 2113 du Code Civil, ainsi que nous l'avons précédemment énoncé.

Nous ne pensons donc pas que l'on puisse sérieusement contester au créancier inscrit *antérieurement* à l'ouverture de la succession, le droit de demander la séparation des patrimoines, pas plus que l'on ne pourrait refuser au créancier inscrit *antérieurement* aux aliénations des immeubles hypothéqués, le droit de requérir la mise aux enchères, parce que, dans l'un comme dans l'autre cas, les inscriptions *antérieurement prises* conservent, tant qu'elles ne sont pas périmées, tous les effets que la loi leur donne. •

24. Quant *aux meubles*, nous avons dit, avec l'art. 880, que le droit de séparation des patrimoines se prescrivait *par trois ans*. Mais, pour utiliser ce droit, il importe aux créanciers de la succession de veiller à ce que l'héritier ne les vende pas à leur insu, surtout s'ils sont d'une grande valeur; autrement la vente faite *et le prix payé*, ils ne pourraient les revendiquer dans les mains de l'acquéreur; leurs droits sur ces meubles seraient perdus, ainsi et de même que si l'aliénation en eût été faite par le défunt, parce que, dit Domat, ils n'ont pas

acquis sur ces meubles *un droit de propriété*, mais seulement *un droit de créance*.

Pour prévenir les inconvénients d'une telle vente, les créanciers du défunt peuvent requérir l'apposition des scellés sur les meubles et effets mobiliers de la succession, ou former opposition à leur levée et assister à l'inventaire, en vertu des art. 820 et 821 du Code Civil, et en suivant les formes prescrites par l'art. 931 du Code de Procédure.

Ils peuvent aussi, dans le cas *où le prix* de la vente des meubles *seraient encore dans les mains de l'acquéreur*, former *une saisie-arrêt dans ses mains*, en se conformant aux dispositions des art. 557 et suivant du Code de Procédure.

Toutefois, ces créanciers, avant de faire aucun de ces actes conservatoires, doivent s'informer, autant que possible, de la consistance et valeur des biens *mobiliers* de la succession, pour ne pas s'exposer à supporter des frais qui, loin d'améliorer leur position, ne feraient que l'agraver.

Telles sont les formalités que les créanciers et les légataires du défunt doivent remplir pour conserver et utiliser leurs droits de séparation des patrimoines, tant sur la succession *immobilière*, que sur celle *mobilière* du défunt.

25. Il convient de faire observer ici, en terminant sur cette question, *aux légataires du défunt*, que les créan-

ciers de la succession sont préférés à eux, quant au paiement de leur créance, parce que, dit la loi 6, Dig., *de
separationibus*, le défunt n'a pu faire *des legs* au préjudice de ses créanciers.

QUUESTION DEUXIÈME.

**Comment s'opère la novation dont parle l'ar-
ticle 879 du Code Civil?**

SOMMAIRES.

26 *La novation empêche les créanciers et les légataires
d'exercer le droit de séparation des patrimoines.*

27 *Qu'entend-on par novation, dans le sens de l'art. 879?
Doit-on recourir à l'art. 1271 du Code Civil pour en déterminer
et régler les effets?*

28 *Quels sont les faits qui, dans l'espèce, opèrent novation
à l'égard des créanciers du défunt et des légataires?*

26. D'après l'art. 879, le droit qu'ont les créanciers
du défunt et les légataires de demander la séparation des
patrimoines, ne peut plus être exercé, lorsqu'il y a *novation* dans la créance contre le défunt, par l'acceptation de l'héritier pour débiteur.

Cette disposition est prise dans la loi romaine. En voici les termes :

Illud sciendum est, eos demùm creditores posse impetrare separationem qui non novandi animo ab hærede stipulati sunt, cæterùm si cum hoc animo secuti sunt, amiserunt separationis commodum (1).

27. Mais qu'entend-on ici par *novation* ? Faut-il, pour en déterminer et régler les effets, recourir aux disposisions de l'art. 1271 du Code Civil ?

Cet article porte : « *La novation* s'opère de trois ma-
» nières. :

» 1°. Lorsque le débiteur contracte envers son créancier
» une nouvelle dette qui est substituée à l'ancienne, la-
» quelle est éteinte ;

» 2°. Lorsqu'un nouveau débiteur est substitué à l'an-
» cien, qui est déchargé par le créancier ;

» 3°. Lorsque, sur l'effet d'un nouvel engagement,
» un nouveau créancier est substitué à l'ancien, envers
» lequel le débiteur se trouve déchargé. »

De ces trois manières d'opérer *la novation*, quelle est celle qui rentre dans la novation dont il est ici question ?

Aucune il n'y a ni nouvelle dette substituée à l'ancienne, ni nouveau débiteur, ni nouvel engagement substitué à l'ancien ; c'est toujours la même dette, c'est

_____

(1) Loi 1, §. 10, Dig., *de separationibus.*

toujours le même débiteur qui doit la payer, puisque l'héritier ne fait qu'un avec le défunt. *Hœres et defunctus censentur una et eadem persona.*

Cette acceptation, par le créancier du défunt, de l'héritier pour débiteur, n'est donc pas une *novation* telle qu'elle est définie dans l'art. 1271 du Code Civil.

Cependant cette acceptation, de la part du créancier du défunt, de l'héritier pour débiteur, *est une novation*, d'après la loi romaine et l'art. 879 du Code.

Mais quelle est-elle ? C'est, disent MM. Toullier et Malpel, *une novation d'une espèce toute particulière*.

La Cour de cassation l'a considérée de même dans l'arrêt qu'elle a rendu le 7 décembre 1814 (1).

En voici les motifs :

» Attendu que, d'après les anciens principes puisés
» dans le texte même de la loi *de separationibus*, et
» consacrés depuis par l'art. 879 du Code Civil, le droit
» de demander la séparation des patrimoines ne peut
» pas être exercé lorsqu'il y a, de la part du créancier,
» acceptation de l'héritier pour le débiteur, *acceptation*
» que le législateur qualifie de *novation* en cette ma-
» tière. »

28. Ainsi, et de quelque manière que le créancier du défunt ou le légataire accepte l'héritier pour débiteur, soit en recevant de lui une caution pour sureté du paie-

_____

(1) Sirey, tom. 15-1-100.

ment de sa créance ou du legs, soit en se fesant payer par lui des intérêts, ou autrement, il y aura *novation* dans le sens de la loi, et il ne pourra plus demander la séparation des patrimoines.

Toutefois, il ne faut pas confondre ici l'acceptation *volontaire* que le créancier ferait de l'héritier pour débiteur, avec *les poursuites judiciaires* que ce créancier ferait contre l'héritier, parce que, dit la loi 7, ff. *de separationibus*, il aurait été forcé de diriger sa demande contre lui : *quia ex necessitate hoc fecerunt.*

Dans le cas de poursuites judiciaires contre l'héritier, les créanciers du défunt et les légataires seraient donc encore en droit, après ces poursuites, de demander *la séparation des patrimoines.*

QUESTION TROISIÈME.

L'obligation imposée aux créanciers et aux légataires qui veulent conserver le droit de demander la séparation des patrimoines, d'inscrire leurs créances ou legs dans les six mois de l'ouverture de la succession, s'étend-elle aux cas où il s'agit de succession OUVERTE AVANT LE CODE?

29. La Cour royale de Rouen, par arrêt du 23 août

1809 (1), s'était prononcée pour l'affirmative, en prétendant que l'inscription, dans ce cas, avait dû être prise *dans les six mois après la publication du Code Civil.*

La Cour de Turin, au contraire, a décidé, par arrêt du 7 mars 1810 (2), que l'art. 2111 du Code Civil *ne s'appliquait pas* au cas de succession ouverte *avant le Code.*

La Cour royale de Limoges, par arrêt du 15 mai 1810, a jugé, comme la Cour de Turin, que l'art. 2111 *disposait* seulement *pour l'avenir.*

Le pourvoi contre cet arrêt a été rejeté par la Cour de cassation, par arrêt du 8 mai 1811 (3), malgré tous les arguments et une longue discussion en sens contraires.

Voici les principaux motifs de cet arrêt :

« Attendu que les droits *réels*, soit conventionnels, » soit légaux, doivent être constamment régis par les » lois sous l'empire desquelles ils ont été irrévocable-» ment acquis, lors même qu'ils ne sont exercés qu'a-» près la publication d'une loi nouvelle ; que s'ils étaient » détruits, altérés, ou seulement modifiés en vertu des » dispositions d'une loi postérieure, cette loi aurait » évidemment un effet rétroactif, et que, suivant une

---

(1) Sirey, tom. 10-2-82
(2) *Id.* tom. 10-2-344
(3) *Id.* tom. 11-1-173.

» maxime fondamentale en législation, qui est consignée
» dans l'art. 2 du Code Civil, *les lois ne disposent que*
» *pour l'avenir ;*

    » Attendu que le droit accordé aux créanciers du dé-
» funt de demander la séparation de son patrimoine d'avec
» le patrimoine de l'héritier, *est un droit réel*, puisqu'il
» frappe sur les biens, puisqu'il a pour objet le paie-
» ment des dettes auxquelles sont obligés les biens, et
» qu'il est irrévocablement acquis dès l'instant du décès
» du débiteur......... D'où il suit que la disposition de
» l'art. 2111, ne contenant aucune expression qui puisse
» autoriser à l'étendre *au passé*, on ne peut lui donner
» un effet rétroactif sur les droits antérieurement
» acquis. »

Cette décision est conforme à une jurisprudence
constante, et se trouve de nouveau consacrée par un
nouvel arrêt de la Cour de cassation du 3 mars 1835 (1).

QUESTION QUATRIÈME.

    **Avant le Code Civil, pendant quel temps l'ac-
tion en séparation des patrimoines pouvait-elle être
exercée?**

SOMMAIRES.

30 *La prescription de l'action en séparation des patrimoines*

---

(1) Dalloz, 35-1-110.

commence-t-elle à courir du jour de l'ouverture de la succession, ou bien du jour de son acceptation?

31 Quand cette prescription était-elle acquise avant LE CODE CIVIL ?

32 *La possession des biens de la succession par l'héritier rendait-elle cette action IMPRESCRIPTIBLE tant que durait cette possession?*

33 Quel est le temps fixé pour la prescription des actions qui donnent hypothèque ou privilège ?

34 Quand la prescription de l'action en séparation des patrimoines est-elle acquise sous le Code Civil ?

30. Nous avons dit que, d'après la loi 1. § 13, ff. *de separationibus*, la séparation des patrimoines ne pouvait plus-être demandée après *les cinq ans* du jour de l'acceptation de la succession. *Ut ultra quinquennium post aditionem numerandum, separatio non postuletur.*

Quoique cette loi n'ait pas été admise dans notre droit français, elle a néamoins donné lieu à la question de savoir si *la prescription* de l'action dont il s'agit commençait à courir *du jour de l'ouverture de la succession*, ou seulement *du jour de l'acceptation de la succession.*

Ces mots *post aditionem numerandum*, y donnaient lieu.

Mais il fut reconnu que ces mots ne s'appliquaient qu'aux seuls héritiers qui ne pouvaient acquérir une hérédité *sans adition*, et que les lois romaines appelaient *extranei*, et non pas à ceux qu'elles qualifiaient *sui hæredes*, qui sont saisis de plein droit, comme le sont, dans nos mœurs, *les héritiers légitimes*, d'après la maxime *le mort saisit le vif;* aussi la Cour de Douai, dans une espèce où la loi 1, ff. *de separationibus* était applicable, a-t-elle décidé que la force de la maxime générale *le mort saisit le vif*, détruisait l'argument tiré de la nécessité d'une acceptation expresse de l'hérédité, d'après la loi romaine, pour donner cours *à la prescription*.

Cet arrêt de la Cour de Douai ayant été dénoncé à la Cour de cassation, pour violation *de la loi* 1, § 13, ff. *de separationibus*, le pourvoi a été rejeté par arrêt du 9 avril 1810 (1), par les motifs suivants :

« Attendu qu'il est de principe que la prescription » commence du jour où l'action peut être exercée, et » que sur la maxime *le mort saisit le vif*, la qualité » de l'héritier est acquise de plein droit *au vif* dès l'ins- » tant de la mort du défunt ; que, par suite, dans le cas » de cette maxime, *l'action en séparation des patri- » moines* s'ouvre et commence à se prescrire du jour de » l'ouverture de la sucession ; que l'on ne peut opposer » la disposition *du* § 13 *de la loi* 1, ff. *de separationibus*,

_____

(1) Sirey, tom. 11-1-18.

» parce que, uniquemeut relative au cas où la succession
» ne s'acquérait que par l'acceptation, elle est inapplica-
» ble à celui où la succession est acquise de plein droit
» dès l'instant du décès. »

Ainsi l'on doit tenir pour constant qu'avant le Code
Civil, comme depuis, l'action en séparation des patrimoines s'ouvre et commence à se prescrire du jour de
l'ouverture de la succession.

31. Mais quand *cette prescription* était-elle acquise
avant le Code ?

Elle ne l'était pas par le laps *de cinq ans*, puisque
cette prescription tirée de la loi romaine n'était par reçue
parmi nous; mais bien par celle *de trente ans,* qui était
de droit commun, comme le fait remarquer Mornac, *sur
la loi penultième*, *cod. de Hæreditariis actionibus;*
attendu, dit cet auteur, que les prescriptions introduites
par le droit romain n'ont pas lieu en France, à moins
qu'elles ne soient confirmées par les ordonnances, *nisi
constitutione regiâ admissæ sint.*

C'est ce qui résulte encore des différents arrêts de la
Cour de cassation statuant sur des demandes *en séparation des patrimoines*, où il s'agissait de successions
ouvertes avant la promulgation du Code Civil.

Dans l'arrêt du 8 novembre 1815, la Cour de cassation,
en répétant le moyen pris de la prescription de cinq ans,
étayée de la loi romaine, déclare que *la prescription de
trente ans était la seule qui fût admise en France*

avant la mise en activité du Code Civil, dans ses rapports avec les immeubles de la succession, lorsqu'il était bien établi qu'ils provenaient de la succession du défunt (1).

Dans un arrêt récent de la même Cour, en date du 3 mars 1835, il y est dit : qu'avant comme depuis le Code, 'il était de droit commun que la séparation des patrimoines pouvait être demandée tant que les immeubles de la succession se trouvaient dans les mains des héritiers, sans que l'exercice de cette action *fût limité autrement que pour les autres droits civils*; c'est-à-dire par la prescription *de trente ans* (2).

L'exercice de cette action ainsi limité n'était donc pas *imprescriptible* dans l'ancien droit.

D'ailleurs, pour qu'une action soit imprescriptible, il faut qu'elle soit expressément déclarée telle par le législateur.

Or, aucune loi n'a déclaré l'action en séparation des patrimoines *imprescriptible*.

Il n'existe au surplus aucun jugement ou arrêt qui ait admis une demande en séparation des patrimoines, formée plus de trente ans après l'ouverture d'une succession, lorsque le titre qui servait de base à cette demande était prescrit.

---

(1) Sirey, 16-1-137.
(2) Dalloz, 35 – 1 – 110

32. Qu'importe donc la possession constante par l'héritier des biens de la succession, si le créancier du défunt l'a laissé jouir paisiblement de ces biens pendant
plus de trente ans?

Ce créancier n'avait évidemment qu'une action réelle
à exercer contre l'héritier ; si donc il laisse prescrire son
action par trente ans sans poursuites, les biens de la
sucession doivent dès-lors demeurer libres dans les
mains de l'héritier.

Nous savons que, dans quelques contrées de la France,
l'action hypothécaire personnelle ne se prescrivait, par
le débiteur ou *ses héritiers,* que par *quarante ans,* lorsqu'ils *possédaient* les biens hypothéqués.

Mais dans le ressort du parlement de Bordeaux, toute
action, *tant réelle et hypothécaire que personnelle,* et
*l'action hypothécaire conventionelle jointe à la per-
sonnelle, se prescrivaient par trente ans* (1).

Cette prescription *de quarante ans* n'était donc pas
admise dans ce ressort.

Mais cette prescription de 40 ans une fois *acquise* contre
le créancier du défunt, à défaut de poursuites pendant
ce temps contre l'héritier, celui-ci demeurait paisible
possesseur des biens originairement hypothéqués ; c'est
ce que dit *la loi* 7, §. 1, *au Cod. de præscription et tri-
ginta vel quadraginta annorum.*

_____

(1) Salviat , au mot *prescription.*

Non ultra quadraginta annos, ex quo competere cœpit, prorogari, nisi conventio aut ætas, sicut dictum est, intercesserit.

Comment n'en aurait-il pas été de même à l'égard de l'héririer possesseur des biens de la succession dans les pays où la prescription *trentenaire* était seule admise.

La demande en séparation des patrimoines à l'égard *des immeubles*, doit avoir nécessairement pour base un titre conférant au créancier du défunt *un privilége* ou *une hypothèque.*

Or, il est de principe consacré de nouveau par l'art. 2180 du Code Civil, que les priviléges et les hypothèques s'éteignent par l'extinction de l'obligation principale.

Si donc le créancier du défunt a laissé prescrire son titre par défaut de poursuite contre l'héritier pendant plus de trente ans, comment concevoir que l'obligation principale étant éteinte, le privilége ou l'hypothèque qui n'en est que *l'accessoire*, puisse encore subsister.

Cette prescription *trentenaire* est tellement reconnue en principe, que l'art. 2281 du Code l'étend même *au passé*, en disant que les prescriptions commencées avant la publication du Code, et *pour lesquelles il faudrait encore plus de trente ans* à compter de la même époque, *seront accomplies par ce laps de trente ans.*

Ce qui rend aujourd'hui cette prescription uniforme en France, tant pour *le passé* que pour *l'avenir.*

La preuve encore que *la possession* par le débiteur,

de l'immeuble hypothéqué, ne rend pas l'action du créancier *imprescriptible*, ce sont les dispositions de l'art. 2180 du Code Civil.

Cet article porte : «La prescription est acquise au débi- » teur, *quant aux biens qui sont dans ses mains*, par » le temps fixé par la prescription des actions qui donnent » l'hypothèque ou le privilége. »

Ce qui doit s'entendre de *l'héritier du débiteur* comme du débiteur lui-même, la possession des biens se continuant sur la tête *de l'héritier : Vel debitores vel debitorum hæredes*, dit la loi romaine précédemment citée.

33. Or, quel est le temps fixé pour là prescription des actions qui donnent hypothèque ou privilége? C'est évidemment *celui de trente ans*.

On ne peut contester au débiteur direct possesseur des biens soumis à une hypothèque ou à un privilége, le droit d'opposer à son créancier la prescription trentenaire; et on la refuserait *à son héritier* possesseur des mêmes biens !

Quoi! l'héritier ne pourrait pas valablement dire au créancier du défunt : Je possède depuis plus de trente ans les biens de la succession qui étaient soumis à votre action *en séparation des patrimoines* ; vous avez gardé un silence absolu pendant toute cette langue période de temps; votre titre de créance est éteint, et avec lui le privilége et l'hypothèque qui en étaient l'accessoire : je vous oppose la prescription.

Une telle exception pourrait être repoussée par les tribunaux, sur le motif que cette action peut être exercée par le créancier du défunt *tant que les immeubles de la succession existent dans la main de l'héritier*.

Mais alors quel est l'héritier possesseur depuis longues années des biens d'une succession *ouverte avant le Code*, qui pourrait se croire à l'abri d'une demande en séparation des patrimoines de la part d'un créancier du défunt ou d'un légataire ?

Ne serait-ce pas donner à ces créanciers un privilège exorbitant, que de vouloir que la possession constante des biens de la succession par l'héritier serve *seule* de limite à leur action ?

D'où la conséquence qu'après plus de 50 ans de paisible possession, un héritier pourrait encore être exposé à une demande *en séparation des patrimoines*, de la part des créanciers de celui dont il détiendrait les biens.

Et que deviendrait alors ce principe conservateur du droit de propriété consacré par les législateurs de tous les temps? Qui ignore que les prescriptions ont été introduites pour le bien public, afin que la propriété des choses ne soit pas toujours dans l'incertitude ?

Bono publico usucapio introducta est, ne scilicet quarumdam rerum diù et ferè semper incerta dominia essent.

34. Du moins, *sous le Code Civil*, il faut que le créan-

cier du défunt, s'il veut conserver le droit de demander la séparation des patrimoines, prenne *inscription* dans un délai déterminé sur chacun des immeubles de la succession.

Et si cette inscription *seule*, quoique renouvelée en *temps utile*, n'interrompt pas *la prescription* aux termes de l'art. 2180, elle donne au moins l'éveil à l'héritier et aux créanciers de celui-ci, en leur indiquant, et le taux, et la nature de la créance.

Nous disons que l'inscription seule n'interromprait pas la prescription du titre de créance, parce qu'il faut pour que ce titre conserve toute sa force, que le créancier du défunt exerce en temps utile des poursuites directes contre l'héritier, en paiement de sa créance. Il a même été jugé par la Cour royale de Grenoble, le 21 avril 1825, (1) que les poursuites qui n'auraient d'autre objet que de faire déclarer le titre du créancier *exécutoire* contre l'héritier du défunt, ne seraient pas interruptives de la prescription *de l'action en séparation des patrimoines*, attendu que pour prescrire il faut une interruption formelle.

Aussi, tant que le titre de créance n'est pas prescrit, cette action est recevable, parce que, dit la Cour royale de Toulouse, dans un arrêt du 26 mai 1829 (2), l'action

---

(1) Sirey, 26-2-125.
(2) Sirey, 29-2-314.

en séparation des patrimoines, *à l'égard des immeubles*, ne se prescrit qu'avec et comme la créance elle-même.

Si donc, *sous le Code Civil*, cette action se prescrit en même temps que la créance, il doit, à plus forte raison, en être de même pour celle ouverte *avant le Code*, parce qu'à l'égard de celle-ci les priviléges, comme les hypothèques sont *occultes*, le créancier du défunt étant, d'après la jurisprudence, dispensé de prendre *l'inscription* prescrite par l'art. 2111, nouveau motif pour limiter l'exercice de cette action, en la renfermant dans les bornes du droit commun.

C'est ce que la Cour de cassation a fait par ses arrêts des 8 octobre 1815 et 3 mars 1835, en déclarant : *qu'avant, comme depuis le Code*, la séparation des patrimoines pouvait être demandée tant que *les immeubles de la succession se trouvaient entre les mains de l'héritier*, sans que l'exercice de cette action soit limité autrement que pour les autres drois civils, *c'est-à-dire par la prescription de trente ans*.

Cette décision nous paraît conforme à la justice et à la raison.

QUESTION CINQUIÈME.

Lorsque les immeubles de la succession ont été vendus par l'héritier, les créanciers du défunt sont-ils encore à temps pour former leur demande en séparation des patrimoines ?

SOMMAIRES.

35   *D'après le droit romain, la séparation des patrimoines était-elle recevable après la vente faite par l'héritier des biens de la succession ?*

36   *Quelle était à cet égard l'ancienne jurisprudence ?*

37   *Quel est, sous le Code Civil, l'état de cette question ?*

38   *Les créanciers chirographaires du défunt peuvent - ils exercer le droit de séparation des patrimoines, sur* LE PRIX DES IMMEUBLES DE LA SUCCESSION *vendus par l'héritier ?*

39   *Lorsque les biens de la succession sont confondus avec ceux de l'héritier, par suite de la vente qu'il en a faite; la demande en séparation est-elle encore recevable ?*

35. D'après *la loi* 2, ff. *de separationibus*, la demande en séparation des patrimoines n'était plus recevable après la vente, par l'héritier, des biens de la succession, pourvu qu'il l'ait faite sans fraude.

Ab hærede venditâ hæreditate, separatio frustrâ

descrabitur : utique si nulla fraudis incurat suspicio.

L'art. 880 du Code Civil porte : « *A l'égard des im-* » *meubles*, l'action en séparation des patrimoines peut » être exercé *tant qu'ils existent dans la main de* » *l'héritier.* »

Cette disposition rentre dans celle de la loi romaine, en ce sens que les immeubles de la succession étant sortis de la main de l'héritier, par la vente qu'il en aurait faite, l'exercice de cette action ne pourrait plus avoir lieu

Ainsi, dans le sens rigoureux, soit de la loi romaine, soit de l'art. 880, l'action en séparation des patrimoines, après la vente, par l'héritier, des immeubles de la succession, ne serait donc plus recevable.

La Cour de Montpellier l'a même décidé par arrêt du 26 février 1810 (1).

Voici ses motifs :

« Attendu que l'art. 880 du Code Civil est clair et » précis ; qu'il est de fait que les immeubles n'étaient » plus dans la main du saisi ; que par conséquent la » demande en séparation des patrimoines doit être rejetée » comme *tardive.* »

36. Cette exécution rigoureuse donnée à l'art. 880 a

_____

(1) Sirey, 15-2-206.

donné lieu de rechercher si, dans l'ancien droit, cette action en séparation des patrimoines était encore recevable après la vente de l'immeuble de la succession par l'héritier, *tant que le prix n'en était pas payé ou distribué*.

Cette recherche a fait connaître que l'ancienne jurisprudence avait saisi le véritable esprit de la loi romaine, en autorisant la séparation des patrimoines, après la vente, tant que le prix n'était *ni payé ni distribué*, parce que le prix représentait *l'immeuble*, et que, jusqu'à *sa distribution*, toutes les parties l'une à l'égard de l'autre se trouvaient encore dans le même état.

Tel était le sentiment de Voët sur le digeste titre *de separationibus* n°. 4 : *Si tamen*, dit cet auteur, *pretium rerum hereditariarum, vel etiam universa hereditatis ab emptore nondùm solutum sit, rationem non video cur non, pretii saltem respectu separationis petendæ facultas supersit, dùm in judiciis universalibus pretium succedit loco rei.*

Or, comme l'art. 880 du Code Civil n'est, pour ainsi dire, que la traduction de la loi romaine, il y a lieu de penser que, sous le Code, cet article doit recevoir la même interprétation, d'après la maxime *optima legum interpres, consuetudo*.

37. Au surplus, depuis la promulgation de l'art. 2111 du Code Civil, le créancier du défunt devant prendre inscription dans les six mois de l'ouverture de la succes-

sion pour conserver *le privilége* de la séparation des patrimoines ; il en résulte nécessairement qu'après la vente des immeubles de la succession, ce créancier est en droit de faire valoir son privilége *sur le prix*, en vertu de son inscription, lors *de la distribution* qui en serait faite ; ce qui lève tous les doutes sur l'interprétation à donner à l'art. 880.

Il est donc incontestable aujourd'hui que la demande en séparation des patrimoines peut être formée, comme *avant le Code*, tant que le prix des immeubles *vendus* par l'héritier, ou *expropriés* sur sa tête, n'a pas été *payé* ou *distribué*.

C'est d'ailleurs ce que la Cour de cassation a elle-même reconnu par arrêt du 28 juin 1828 (1).

37. Quels seront maintenant les droits des créanciers *chirographaires du défunt* sur le prix de vente de ces immeubles ?

Nous avons dit, chap. 1, nos 9 et 10, que l'action en séparation des patrimoines pouvait s'exercer sur *les meubles* et sur les immeubles, et que les créanciers chirographaires *du défunt* pouvaient, *sans inscription*, former cette demande contre les créanciers *chirographaires de l'héritier*.

Pour fixer les droits de ces créanciers sur ce prix, il faut examiner *sa nature*, après la vente.

---

(1) Dalloz, 28-1-300.

Point de doute que, par rapport aux créanciers *inscrits*, il ne soit réputé *immobilier,* à l'effet d'être distribué en-tr'eux *par rang d'inscription.*

Relativement à l'héritier vendeur ou exproprié, il est de nature *mobilière.* C'est une somme d'argent que la justice est chargée, par lui et pour lui, de distribuer à ses créanciers. C'est donc un *meuble.*

Comment la distribution de ce prix doit-il se faire ?

D'abord entre les créanciers *du défunt* qui ont inscrit *leur privilége* en temps utile, et qui demandent la sépa-ration des patrimoines.

Ensuite entre les créanciers *de l'héritier,* inscrits sur l'immeuble vendu.

Ces créanciers une fois payés, à qui doit revenir le restant de ce prix ?

Comme meuble, il doit être distribué aux créanciers *chirographaires du défunt,* qui auront demandé la séparation des patrimoines, par préférence aux créan-ciers *chirographaires de l'héritier.*

De cette manière, la loi sera vêtue, les créanciers *du défunt* seront préférés aux créanciers inscrits *de l'héri-tier,* ceux-ci aux créanciers chirographaires *du défunt,* lesquels, à leur tour, primeront les créanciers chirogra-phaires *de l'héritier.*

Mais pour que les créanciers chirographaires du défunt puissent user de ce droit de préférence vis-à-vis des créanciers chirographaires de l'héritier, il ne faut pas que ces créanciers laissent passer le délai que la loi leur donne.

Or ce délai est de *trois ans* quant *aux meubles*, et commence à courir *du jour* de l'ouverture de la succession, ainsi que nous l'avons établi chap. 2 question 4, n° 29.

Si donc ils n'exercent leur action en séparation des patrimoines qu'après ce délai de trois ans, leur action sera prescrite, et ils ne viendront plus sur le restant du prix de vente, *qu'en concurrence* avec les créanciers chirographaires de l'héritier.

C'est à quoi les créanciers *chirographaires* du défunt doivent porter une sérieuse attention.

39. Pour que les créanciers du défunt puissent encore exercer, sur le prix de la vente, leurs droits de séparation des patrimoines, il ne faut pas que ce prix soit confondu et mêlé avec les biens de l'héritier, c'est-à-dire que, tant les immeubles de la succession, que ceux de l'héritier, aient été vendus pour un seul et même prix, parce qu'alors *une confusion* des deux patrimoines s'étant opérée, on ne pourrait la faire cesser que par des opérations longues, incertaines, dispendieuses et préjudiciables aux intérêts des créanciers.

C'est ce qui se trouve énoncé dans un arrêt de la Cour de cassation du 25 mai 1812 (1).

_____

(1) Sirey, 12-1-365.

Cette décision rentre d'ailleurs dans les dispositions de la loi 1, § 12, ff. *de separationibus*, qui sont ainsi conçues: *Praetereà sciendum est, posteà quàm bona hoereditaria, bonis hoeredis mixta sunt, non posse impetrari separationem.*

Cependant nous pensons que si *la ventilation* du prix pouvait s'opérer, les créanciers du défunt seraient en droit de la demander pour exercer leur privilége sur la portion du prix reconnue provenir des biens de la succession.

Toutefois, pour établir une fin de non-recevoir prise *de la confusion* des biens de la succession avec ceux de l'héritier, il ne suffirait pas qu'il y eût confusion *d'une partie des biens*, parce que la demande en séparation des patrimoines serait toujours recevable quant aux biens à l'égard desquels il n'existerait pas de confusion.

C'est ce qui résulte d'un arrêt de la Cour de cassation du 8 novembre 1815 (1).

Que doit-on décider lorsque l'héritier *a été payé du prix* de la vente des biens de l'hérédité? la séparation des patrimoines est-elle encore recevable?

C'est ce que nous allons examiner dans la question suivante.

---

(1) Sirey, 16-1-137.

QUESTION SIXIÈME.

Lorsque l'héritier a vendu les immeubles de la succession et qu'il en a reçu le prix, les créanciers du défunt peuvent-ils agir contre l'acquéreur par action en séparation des patrimoines?

SOMMAIRES.

40 *Avant le Code Civil, lorsque l'héritier avait reçu le prix des immeubles de la succession qu'il avait vendus, le droit de séparation des patrimoines était éteint.*

41 *En doit-il être de même sous l'empire du Code?*

40 Il faut distinguer ici le privilége de la séparation des patrimoines, et le droit d'hypothèque, qui sont indépendants l'un de l'autre.

Le premier s'exerce sur les immeubles de la succession, tant qu'ils sont dans la main de l'héritier, ou que le prix lui en est encore dû personnellement, ainsi que nous l'avons établi *question* 5.

Mais lorsque le tiers-acquéreur est obligé de payer *une seconde fois* son prix d'achat, faute par lui d'avoir pris les précautions indiquées par la loi, *ce prix* est dû, non à l'héritier vendeur, envers lequel ce tiers-acquéreur est libéré, mais *aux créanciers hypothécaires du vendeur*, ce qui, dans ce cas, éteint le droit de séparation des patrimoines, les choses n'étant plus entières.

C'est ce qui a été décidé par la Cour de cassation, dans un arrêt du 27 juillet 1813 (1).

Nous devons faire remarquer que cette décision se rapporte à une demande en séparation des patrimoines, formée dans une succession *ouverte avant le Code* et admise *sans inscription*.

Il résulte de l'arrêt rendu par la Cour suprême, *qu'avant le Code,* cette demande ne pouvait plus être valablement formée, lorsque les immeubles de la succession avaient été vendus par l'héritier, et que *le prix* lui en avait été directement payé par l'acheteur.

41. Mais devrait-il en être de même sous le Code Civil ?

Nous ne le pensons pas, car en combinant les dispositions de l'art. 2111 avec celles de l'art. 2166 du Code, il s'ensuit que le créancier du défunt qui a pris *inscription* sur les immeubles de la succession dans les six mois de son ouverture, conserve son privilége, celui de la séparation des patrimoines, et qu'en cas de vente de ces immeubles par l'héritier qui en aurait reçu le prix, le créancier du défunt ayant privilége inscrit en temps utile, sur les immeubles vendus par l'héritier, *aurait un droit de suite* sur ces immeubles, dans quelques mains qu'ils passent, pour être payé ou colloqué suivant le rang

---

(1) Sirey, 13-1-438.

que lui donnerait dans l'ordre, sa créance privilégière, conformément à l'art. 2166 précité.

Il importerait donc peu, sous le Code Civil, que le prix ait été ou non payé à l'héritier vendeur, du moment que le créancier du défunt peut toujours se prévaloir contre l'acquéreur *de l'inscription* qui lui aurait conservé son privilége sur les immeubles de la succession.

QUESTION SEPTIÈME.

Lorsqu'un immeuble de la succession a été vendu par l'héritier, et que l'acquéreur fait transcrire son contrat avant l'expiration des six mois à compter de l'ouverture de la succession, les créanciers et les légataires du défunt sont-ils tenus, pour conserver le privilége que l'art. 2111 leur donne, de prendre inscription dans la quinzaine de la transcription, conformément à l'art. 834 du Code de Procédure?

SOMMAIRES.

42   *Le privilége de la séparation des patrimoines est-il atteint par les dispositions de l'art. 834 du Code de Procédure civile ?*

43   *M. Grenier soutient l'affirmative.*

44   *Réfutation.*

Cette question est importante et mérite un examen approfondi.

42.   D'après l'art. 834 du Code de Procédure civile,
les créanciers hypothécaires, en cas d'aliénation des
objets hypothéqués et de transcription de l'acte d'aliénation, sont obligés de prendre inscription, *au plus
tard,* dans la quinzaine de cette transcription.

Il en sera de même, dit cet article, à l'égard des créanciers *ayant privilége* sur des immeubles, sans préjudice
des autres droits résultant au vendeur et aux héritiers
des art. 2108 et 2109 du Code.

43.   De ces termes : *Il en sera de même des créanciers ayant privilége sur des immeubles,* M. Grenier
tire la conséquence que la nécessité de l'inscription
frappe *sur le privilége de la séparation des patrimoines,* en cas de vente des immeubles de la succession et
de la transcription de cette vente avant l'expiration *des
six mois,* à compter du jour de l'ouverture de la succession.

Ainsi, suivant M. Grenier, dans ce cas, l'inscription
prescrite par l'art. 2111 devrait être prise par les créanciers du défunt et les légataires, *dans la quinzaine* de
la transcription de la vente faite par l'héritier, des
immeubles de la succession (1).

44.   L'art. 834 n'a point eu pour but de changer les
principes relatifs à la séparation des patrimoines. Voyez,

_____

(1) Traité des Hypothèques, tom. 2, pag. 893.

dit M. Troplong (2), le silence que garde cet article sur
ceux qui demandent la séparation des patrimoines, tandis qu'il réserve expressément les droits des priviléges
mentionnés aux art. 2108 et 2109; et cependant un délai
de faveur est accordé aux créanciers et aux légataires demandeurs en séparation des patrimoines, de même que
l'art. 2109 en accorde un aux co-partageants. Pourquoi
donc, dit M. Troplong, parler des uns et non des autres?
N'est-ce pas parce que l'art. 834 ne s'occupe que des
véritables priviléges, et non pas du droit dont parle l'art.
2111, qui n'est pas un privilége, mais un simple droit *de
préférence* sur les biens de la succession.

Un privilége, en effet, ne s'exerce qu'entre les créanciers d'un même débiteur, tandis que la séparation des
patrimoines n'est accordée aux créanciers du défunt que
contre les créanciers personnels de l'héritier. On ne doit
donc pas confondre la séparation des patrimoines avec
les priviléges ordinaires; ceux-ci, dit M. Troplong, ont
pour but la suite des biens d'un tiers et le rang qu'ils
doivent prendre sur ces mêmes biens, tandis que la demande en séparation est *la revendication* des biens du
défunt, dont la propriété se trouve spécialement affec-
tée au paiement des créanciers et des légataires.

Ce n'est donc pas un privilége proprement dit; et,

---

(2) Des Priviléges et Hypothèques, tom. 1, pag. 497.

quoique énoncé comme tel dans l'art. 2111, le législateur n'a pas entendu subordonner l'exercice de cette prérogative aux obligations résultantes des dispositions de l'art. 834.

Comment encore concilier cet art. 834 avec les dispositions finales de l'art. 2111 ? N'y est-il pas dit qu'avant l'expiration de ce délai (six mois), *aucune hypothèque* ne peut être établie *avec effet* sur ces biens (les immeubles de la succession) par les héritiers ou représentants du défunt, au préjudice des créanciers ou légataires du défunt.

Autant vaudrait dire que l'art. 834 a rapporté toutes les dispositions de l'art. 2111, en même temps qu'il maintiendrait celles de l'art. 2109.

Ensorte que le cohéritier ou co-partageant conserverait le délai que l'art. 2109 lui donne pour inscrire *son privilége,* tandis que le créancier du défunt ou le légataire perdrait celui que l'art. 2111 lui assurait pour inscrire le sien.

Il y aurait inconséquence ou injustice de la part du législateur, ce qui ne peut se supposer.

S'il n'a pas fait mention de l'art. 2111 dans l'art. 834, c'est qu'il n'a rien voulu innover aux règles qu'il avait précédemment tracées concernant les demandes *en séparation des patrimoines ;* il a laissé les choses telles qu'il les avait établies par les art. 878, 880 et 2111.

On ne peut d'ailleurs trouver, dans le silence de l'art.

834, une dérogation expresse à l'art. 2111. La déroga-tion, aux termes du droit, doit être formelle.

Admettre le système contraire, ne serait-ce pas donner à l'héritier un moyen prétendu légal de soustraire aux créanciers du défunt le gage privilégié de leurs créances?

En effet, admettons qu'un héritier vende, peu de temps après l'ouverture de la succession et à l'insçu des créan-ciers du défunt, tous les immeubles de la succession, et que l'acquéreur, avant l'expiration des six mois donnés à ces créanciers pour inscrire leur privilége, fasse trans-crire son contrat, et qu'après *la quinzaine* expirée à partir *de la transcription*, un créancier du défunt prenne inscription, conformément et dans le delai prescrit par l'art. 2111, quel serait la position de ce créancier si le système de M. Grenier pouvait être accueilli par les tri-bunaux?

Ce créancier serait inévitablement écarté, par les créanciers de l'héritier, de l'ordre ouvert pour la distri-bution du prix de ces immeubles.

On lui opposerait la déchéance *de son privilége,* faute par lui d'avoir pris inscription *dans la quinzaine* de la transcription du contrat de vente.

En vain voudrait-il se prévaloir des dispositions de l'art. 2111, qui lui donnait le droit d'inscrire son privi-lége *dans les six mois* de l'ouverture de la succession.

On lui appliquerait les dispositions de l'art. 834 du Code de Procédure, et il verrait le prix des immeubles *de la succession*, mis en distribution, passer en entier dans les mains des créanciers *de l'héritier*.

Un tel résultat pourrait-il avoir été prévu et autorisé par le législateur ?

Nous ne le pensons pas; il est en effet bien difficile de croire qu'après que le législateur a donné aux créanciers du défunt un delai *de six mois* pour inscrire leur privilége, délai que tant de circonstances peuvent souvent rendre insuffisant, il eût voulu laisser à l'héritier le pouvoir d'abréger à son gré ce délai au profit de ses créanciers personnels, par des ventes suivies *de transcription*, faites peu de jours après l'ouverture de la succession.

Toutefois, nous ne sommes pas réduits à faire valoir sur cette question de simples considérations, nous pouvons encore invoquer un jugement et un arrêt qui ont donné à l'art. 834 une judicieuse interprétation.

Un sieur Zwiler décède en septembre 1825; son héritier vend, le 19 octobre suivant, au sieur Salzmann, plusieurs immeubles de *la succession*. Cette vente est transcrite; *la quinzaine* s'écoule sans inscription.

Mais dans *les six mois* de l'ouverture de la succession, un sieur Lehmann, cessionnaire des légataires de Zwiler, prend *inscription* en vertu des art. 1017 et 2111 du Code Civil, et demande, par suite de cette inscription, aux acquéreurs, le montant des legs. Ceux-ci refusent de payer.

L'affaire est portée devant le tribunal d'Altkirch.

Entre autres moyens, les acquéreurs, s'étayant du système de M. Grenier, soutinrent que *la transcription* de la vente avait purgé *le privilége* de la séparation des patrimoines, à défaut par les légataires d'avoir pris inscription avant la transcription ou pendant *la quinzaine* qui l'avait suivie, conformément à l'art. 834 du Code de Procédure.

Cette prétention fut rejetée par jugement du 4 mars 1833.

En voici les motifs :

« Attendu que l'acquisition faite par les sieurs Salz-
» mann, par acte ayant date certaine avant la prise de
» l'inscription, a bien pu avoir pour effet de transmettre
» les biens aux acquéreurs, mais non de les purger des
» hypothèques des légataires ou créanciers de la succes-
» sion ; que *la transcription* qu'ils ont faite n'ajoute rien
» à l'affranchissement de l'immeuble ; *que l'art: 2111,*
» *semblable dans son effet à l'art.* 834, donne aux
» créanciers ou légataires le droit de faire inscrire leurs
» titres dans un délai déterminé, pendant lequel *leurs*
» *droits sont conservés par la loi ;*

» Que l'acquéreur se trouve dans la même position que
» si, après avoir acquis, et n'ayant trouvé aucune inscrip-
» tion *au jour de la transcription* de son contrat, il
» payait son vendeur sans s'inquiéter *des inscriptions*
» qui seraient prises *dans la quinzaine ;* que le paie-
» ment ne le libérerait pas à l'égard des créanciers in-

» scrits *dans ce délai ;* que l'acquéreur n'a pu ignorer
» que *son vendeur* ne détenait l'immeuble qu'il acqué-
» rait que comme *héritier de Zwiler ;*

  » Qu'il a dû savoir qu'au moment de l'acquisition qu'il
» fesait, il ne s'était écoulé *qu'un mois* depuis le décès ;
» qu'ainsi les droits d'hypothèques sur les immeubles ne
» pouvaient pas encore être déterminés d'une manière
» définitive ; qu'il devait suspendre le paiement de son
» prix, *et ne lever le certificat d'inscription* qu'à l'ex-
» piration *du délai de six mois, à partir du jour du*
» *décès ;* que, s'il l'avait fait, il aurait trouvé *l'inscrip-*
» *tion des légataires,* et n'aurait payé son prix qu'entre
» leurs mains, et aurait évité les poursuites auxquelles
» il est en butte. »

  Sur l'appel de ce jugement, formé par les acquéreurs,
il a été confirmé par les mêmes motifs, par arrêt rendu
par la Cour royale de Colmar, le 3 mars 1834 (1).

  Il résulte de ce jugement et de cet arrêt que l'art. 834
n'a en rien modifié l'art. 2111 ; que chacun de ces articles conserve l'effet qu'il doit produire et tel qu'il lui a
été spécialement attribué par le législateur.

  Ainsi, par exemple, si un particulier vend un immeuble qui lui soit *propre,* et que l'acquéreur fasse transcrire son contrat, les créanciers *personnels* du vendeur

---

(1) Dalloz, 35-1-9.

qui ont contre lui un privilége ou une hypothèque, doivent, conformément à l'art. 834, prendre inscription *dans la quinzaine de la transcription*, à peine de déchéance de leur privilége ou hypothèque.

Si c'est au contraire *un héritier* qui vend un immeuble *de la succession*, et que l'acquéreur fasse transcrire son contrat avant l'expiration *des six mois* donnés par l'art. 2111 aux créanciers du défunt et aux légataires, pour prendre inscription et conserver leur privilége, *cette transcription*, à l'égard des créanciers et légataires du défunt, sera *sans effet,* si ces créanciers ou légataires font inscrire leur privilége après cette transcription, mais *dans les six mois* à compter de l'ouverture de la succession.

C'est dans ce sens que les art. 834 et 2111 doivent être entendus pour conserver à chacun d'eux l'effet que le législateur a évidemment voulu leur donner.

Le système contraire nous paraît erroné.

QUESTION HUITIÈME.

La séparation des patrimoines peut-elle être demandée, au cas de donation entre-vifs, par les créanciers du donateur contre le donataire?

SOMMAIRES.

45 *La séparation des patrimoines ne peut être demandée par les créanciers du donateur contre le donataire.*

46 *Il en est de même lorsque l'objet donné est rapporté par le donataire à la succession du donateur.*

47 *En quoi diffère la démission de biens, de la donation entre-vifs ?*

48 *Les créanciers du démettant peuvent-ils demander la séparation des patrimoines contre les démissionnaires ?*

49 *La démission de biens est-elle maintenue par le Code Civil ?*

5o *Dans quel cas les créanciers du donateur peuvent-ils exercer contre le donataire l'action hypothécaire ?*

51 *Résumé.*

45. Nous avons dit que la séparation des patrimoines avait pour objet d'empêcher que les biens composant *une succession* ne se confondissent avec ceux de l'héritier qui l'avait recueillie.

Pour qu'il y ait lieu à séparation, il faut donc que la confusion s'opère par l'adition d'hérédité entre les biens de l'héritier et ceux du défunt.

Par la donation, l'objet donné se confond, il est vrai, avec les biens du donataire, puisqu'elle lui en confère la propriété (1).

Mais, au décès du donateur, *l'objet donné* ne se confond pas dans les biens de la succession, parce que, ayant été maître de le donner, comme il aurait pu le vendre, il ne fait plus partie de sa succession.

---

(1) Art. 938 du Cod. Civ.

46. Il en serait de même si le donataire voulant prendre part à la succession du donateur, rapportait au partage *l'objet* qui lui aurait été précédemment donné.

Cet objet ne serait pas encore censé appartenir à la succession du défunt, parce ce que *le rapport* au partage entre cohéritiers ne concerne point *les créanciers du défunt*, mais seulement les héritiers et leurs créanciers.

C'est ce qui se pratiquait dans l'ancien droit et ce qui est consacré de nouveau par le Code Civil.

L'art. 857 porte : « Le rapport n'est dû que par le » cohéritier à son cohéritier ; il n'est pas dû *aux léga-* » *taires ni aux créanciers de la succession.* »

On doit donc tenir pour constant que les créanciers du défunt ne peuvent, dans aucun cas, demander *la séparation des patrimoines* contre le donataire.

47. Toutefois il ne faut pas confondre *la démission de biens* avec la donation entre-vifs.

Dans l'ancien droit, on entendait par *démission de biens*, une espèce de disposition par laquelle une personne faisait, *de son vivant,* un abandonnement général de ses biens *à ses héritiers présomptifs.*

On considérait cette *démission* comme succession *anticipée,* parce qu'elle devait comprendre tous les biens du démettant, à l'imitation *du droit d'hérédité* qui est universel.

Cette espèce de disposition n'était pas sujette *aux*

formalités des donations, mais on devait la faire *insinuer*.

Ensorte que tant que *la démission de biens* n'était pas *révoquée*, faculté qui était laissée *ad nutum* au démettant, celui-ci ne pouvait plus disposer des biens qui en faisaient l'objet ; aussi les créanciers du démettant, *postérieurs à la démission*, n'avaient aucun droit acquis sur les biens compris dans la démission.

Mais les démissionnaires étant assimilés *aux héritiers*, étaient tenus des dettes du démettant, *antérieures à la démission*.

48. Du moment donc que l'on considérait *la démission de biens* comme *succession anticipée*, et qu'on assimilait *les démissionnaires aux héritiers*, il en résultait que, dès l'instant où *la démission de biens* avait eu lieu, s'ouvrait, pour les créanciers *du démettant*, le droit de demander *la séparation de son patrimoine* d'avec celui *des démissionnaires*.

La Cour royale de Bordeaux a fait l'application de ces principes dans un arrêt du 14 juillet 1836, relativement à une *démission de biens* faite en l'an 9, sous la loi du 11 brumaire an 7 (1).

Nous avons donc eu raison de dire qu'il ne fallait pas

(1) Journal des Arrêts de cette Cour (1836) pag. 462.

Voir Lebrun, Traité des Successions —Denisard ; — Merlin, au mot *démission de biens.*

confondre *la démission de biens* avec *la donation entre-vifs*, puisque les créanciers *du démettant* peuvent demander *la séparation des patrimoines* contre *les démissionnaires*, lorsque les créanciers *du donateur* ne peuvent se prévaloir de cette action contre *le donataire.*

49. Mais ces principes ne peuvent s'appliquer qu'aux *démissions de biens* faites *antérieurement* au Code Civil, car, depuis sa promulgation, on ne connaît plus d'autres dispositions que celles faites *par donation entre-vifs* ou *par testament*.

La démission de biens pouvant êrre *révoquée* par le démettant, entraînait souvent après elle la ruine des démissionnaires ; c'est ce qui l'a fait supprimer par le Code Civil.

M. Bigot-Préamenen, orateur du gouvernement, à la séance du corps-législatif, du 2 floréal an ii, disait, en parlant *des démissions de biens*, que c'était laisser dans les pactes de famille une incertitude qui causait les plus graves inconvénients.

« Le démissionnaire qui avait la propriété, sous la
» condition de la révocation, se flattait toujours qu'elle
» n'aurait pas lieu ; il traitait avec des tiers, il s'engageait,
» il dépensait, il aliénait ; et la révocation n'avait jamais
» lieu sans des procès qui empoisonnaient le reste de la
» vie de celui qui s'était démis, et qui rendait sa condi-
» tion pire que s'il eût laissé subsister sa démission. »

Mais, en supprimant cette espèce de disposition, le
Code Civil, art. 1075 et 1076, a laissé aux pères et
mères, et autres ascendants, la faculté de faire, entre
leurs enfants et descendants, la distribution et le partage
de leurs biens, en remplissant les formalités, conditions
et règles prescrites pour *les donations entre-vifs et
les testaments.*

Ce qui abolit pour *l'avenir* les règles précédemment
suivies en matière *de démission de biens.*

5o. Reste maintenant à examiner dans quel cas les
créanciers du *donateur* peuvent exercer contre le donataire l'action hypothécaire.

Entre le donateur et le donataire, la donation duement
acceptée, est parfaite par le seul consentement des parties.

Mais, à l'égard *des tiers,* il en est autrement.

Pour s'affranchir de leurs poursuites, *le donataire* doit
remplir une formalité essentielle, celle *de la transcription* de son acte de donation.

C'est ce qui est prescrit par les art. 939 et 941 du Code
Civil. Ces articles disposent:

Art. 939: « Lorsqu'il y aura donation de biens suscep-
» tibles *d'hypothèques,* la transcription des actes con-
» tenant la donation et l'acceptation.... devra être faite
» au bureau des hypotèques dans l'arrondissement des-
» quels les biens sout situés. »

Art. 941. « Le défaut de transcription pourra être op-
» posée *par toutes personnes ayant intérêt,* excepté

» toutefois celles qui sont chargées de faire faire cette
» transcription, ou leur ayant-cause, *et le donateur.* »

Ce défaut de transcription donne donc aux créanciers
hypothécaires *du donateur* le droit de prendre, au préjudice *du donataire*, inscription sur les biens compris
dans la donation.

L'application de ces principes se rencontre dans l'espèce suivante :

En l'an 3, les dames Trigant-Geneste et Labouisse
cèdent et transportent au sieur Trigant, leur frère, tous
les droits qu'elles amendaient dans les biens qui leur
avait été abandonnés par leur mère.

Cette cession est faite moyenant la somme de 9,000
liv. pour chacune des deux sœurs.

La dame Labouisse n'avait reçu qu'un à-compte sur
la somme qui lui revenait.

Le 22 mai 1812, le sieur Trigant fait *donation entre-
vifs*, à Pierre et à Jean Trigant, ses deux enfants, de divers biens, notamment du domaine de Chalaure, dont
portion lui avait été cédée par la dame Labouisse.

Par l'acte de donation, le sieur Trigant charge ses enfants de payer à la dame Labouisse, la somme de 8,000
liv. qu'il restait lui devoir sur le prix de la cession.

Cette donation ne fut pas transcrite.

Le 11 avril 1821, *les héritiers* de la dame Labouisse
prennent *inscription* sur tous les biens de François Trigant père, notamment sur le domaine *de Chalaure,*

pour sureté du paiement de la somme de 8,000 liv., solde
du prix de la cession de l'an 3.

Pierre Trigant fils étant devenu cessionnaire de Jean
Trigant son frère, se trouva, par cette cession, *seul possesseur* de tous les biens compris dans la donation entre-vifs du 12 mai 1812.

Quelque temps après, et par suite de la séparation de
biens prononcée entre lui et la dame Bizat, son épouse,
il abandonna à celle-ci, pour le montant *de ses cas do-
taux et reprises matrimoniales*, s'élevant à 30,000 liv.,
tous les biens compris dans ladite donation entre-vifs
de 1812.

La dame Bizat dénonça *cet acte d'abandon* aux divers
créanciers inscrits sur ces biens.

Un ordre fut ouvert devant le tribunal de Libourne,
pour la distribution *du prix* pour lequel *l'abandon* avait
eu lieu.

Les héritiers Labouisse demandèrent *collocation* pour
la somme de 8,000 f., solde du prix de la cession faite à
Trigant père le 24 pluviôse an 3.

De son côté, la dame Bizat, épouse de Pierre Trigant
fils, demanda à être *colloquée* pour tout le prix à distribuer, comme créancière *de son mari*, pour des sommes
beaucoup plus considérables que le prix pour lequel ces
biens lui avaient été abandonnés.

A l'appui de sa demande, elle disait que *les héritiers*
Labouisse ne pouvaient avoir un droit préférable au

sien ; que, par l'effet de la donation *du 22 mai* 1812, le
sieur Trigant fils était devenu propriétaire du domaine
de Chalaure ; que dès ce moment *l'hypothèque légale*
qui lui appartenait avait frappé *l'immeuble ;* que son droit
n'avait pu être modifié par *l'inscription* prise postérieurement, *en* 1821, par les héritiers Labouisse, sur un
domaine qui n'appartenait plus *à leur débiteur*, et qui
s'était confondu depuis plusieurs années, *avec les biens
propres du fils de leur débiteur ;* que si, à raison de la
cession du 24 pluviôse an 3, les héritiers Labouisse
avaient des droits à exercer sur Trigant père, ils auraient
dû se pourvoir dans les six mois de la donation, à l'effet
de demander *la séparation du patrimoine de leur
débiteur d'avec celui du donataire ;* que, ne l'ayant pas
fait, ils ne devaient prendre sur les biens possédés par
Trigant fils, *d'autre rang* que celui que leur donnait
l'inscription de 1821, laquelle étant *postérieure* à son
mariage avec Trigant fils, ne pouvait lui nuire ; qu'ainsi
elle devait être colloquée *au premier rang.*

Dans son état provisoire, le juge-commissaire *colloqua
au premier rang* la dame Bizat, épouse Trigant fils,
pour l'entière somme *mise en distribution*, et rejeta
les autres demandes, à raison de l'insuffisance des
fonds.

Les héritiers Labouisse formèrent, sur cet état provisoire, *un contredit*, fondé sur ce que *la donation* dont
on excipait contre eux, n'ayant pas été suivie *de trans-*

cription, n'avait produit aucun effet à l'égard *des tiers ;* que dès-lors le domaine *de Chalaure* était censé, quant à eux, être toujours demeuré en la possession de Trigant père ; que l'inscription de 1821 ayant été prise avant que la *transcription* eût été faite, avait frappé *le domaine* dans les mains même *de leur debiteur,* nobstant la donation qui, n'ayant pas été transcrite, était réputée non avenue vis-à-vis *les tiers intéressés ;* que, dans ce cas, la demande en séparation des patrimoines était inutile ; que même la procédure qu'elle comporte était inapplicable à la situation des parties ; que l'inscription par eux prise en 1821 ayant produit son effet, leur assurait un rang antérieur à celui de la dame Bizat.

Sur ce contredit, la cause portée à l'audience, il intervint un jugement, le 23 août 1831, qui, réformant l'état de collocation provisoire, ordonna que la créance des héritiers Labouisse serait colloquée par préférence à celle de la dame Bizat, épouse Trigant.

Voici les motif de ce jugement :

« Attendu que les demandeurs ont, sur le domaine de » Chalaure, une hypothèque inscrite depuis le 21 avril » 1821 ;

» Que la donation faite par le sieur Trigant père à ses » enfants, n'empêchait pas que cette inscription fût uti- » lement prise, puisque la donation n'avait pas été » transcrite ;

» Que le Sieur Trigant fils est devenu propriétaire du do-

» maine de Chalaure, non à titre *successif*, mais en vertu

» de la donation entre-vifs qui lui en a été consentie par

» son père ;

   » Que, quoique cette donation n'ait pu avoir effet, à

» l'égard des tiers, que du jour de la transcription, elle

» a eu tout son effet entre le donateur et le donataire du

» jour où elle a été consentie ;

   » Qu'il suit de là que ce n'est pas à titre *d'héritier*,

» mais bien comme *donataire* entre-vifs de son père que

» le sieur Trigant fils est devenu propriétaire du domaine

» de Chalaure ;

   » Que dès-lors la confusion qui s'opère par l'adition

» d'hérédité entre les biens de l'héritier et ceux du défunt,

» n'a pas eu lieu dans le sens rigoureux de la loi ; que cette

» confusion ne pourrait être invoquée qu'autant qu'il

» s'agirait d'une donation universelle des biens présents

» et à venir ; que, dans l'espèce, il ne s'agit uniquement

» que des biens *présents* ; ce qui n'a pas empéché les

» enfants Trigant de venir à la sucession de leur père

» lorsqu'elle s'est réellement ouverte, et de recueillir les

» biens qui pouvaient se trouver dans cette succession ;

   » Attendu que les demandeurs sont créanciers par-

» ticuliers de Trigant père ; que l'inscription qu'ils ont

» prise antérieurement à la transcription ou au décès, a

» eu pour effet de leur permettre de suivre le bien de

» Chalaure, dans quelques mains qu'il vînt a passer ; par

» conséquent de leur donner le droit d'être colloqués

» de préférence à la dame Bizat, créancière particulière
» de Trigant fils ;

» Attendu qu'il devient inutile d'examiner le mérite des
» principes qui ont été plaidés, relativement à la néces-
» sité ou à l'inutilité de la demande *en séparation des*
» *patrimoines*, puisque ces principes ne pourraient
» s'appliquer à la cause qu'autant que le domaine de
» Chalaure serait échu au sieur Trigant fils *par voie*
» *de succession.* »

La dame Bizat fit appel de ce jugement devant la Cour
royale de Bordeaux.

Cette Cour, adoptant les motifs des premiers juges, a
mis l'appel de la dame Bizat au néant, par arrêt du 3
août 1832 (1).

Ce jugement et cet arrêt ont, dans l'espèce, consacré
les vrais principes. Ils sont d'ailleurs sanctionés par la
Cour de cassasion qui, reconnaissant elle-même que la
transcription d'une donation est tellement nécessaire
pour en assurer l'effet contre les tiers, qu'elle a décidé,
par arrêt du 10 avril 1815 (2), qu'à défaut *de transcrip-*
tion, tout tiers intéressé, fût-il *acquéreur* des biens
donnés au *créancier hypothécaire* du donateur, pouvait

---

(1) Journal des arrêts de la Cour royale de Bordeaux, tom. 7,
pag. 467. — Dallos, 34-2-33.

(2) Sirey, 15-1-161.

opposer ce défaut *de transcription*, même contre le donataire *par contrat de mariage*.

51. Il résulte de l'ensemble de nos observations sur cette question ;

1°. Que *la séparation des patrimoines* ne peût être demandée par les créanciers *du donateur* contre *le donataire*, relativement aux biens qui lui ont été donnés.

2°. Qu'il en est de même lorsque l'objet donné *est rapporté* par *le donataire* à la succession *du donateur*.

3°. Qu'il en est autrement lorsqu'il s'agit *de démission de biens ;* que, dans ce cas, les créanciers *du démettant* peuvent demander *la séparation des patrimoines* contre *les démissionnaires ;*

4°. Que cette espèce de disposition, usitée dans l'ancien droit, a été *abolie* par le Code Civil ;

5°. Que les créanciers hypothécaires *du donateur*, de même que tous tiers intéressé, peuvent se prévaloir des droits que *le donateur* leur a conférés *sur les biens donnés*, tant que *le donataire* n'a pas fait *transcrire son acte de donation*.

QUESTION NEUVIÈME.

Lorsqu'une succession est acceptée sous bénéfice d'inventaire, y a-t-il lieu à la demande en séparation des patrimoines ?

SOMMAIRES.

52   *L'acceptation de la succession, sous bénéfice d'inventaire, faite par l'héritier, opère de plein droit la séparation des patrimoines.*

53   *Doctrine contraire.*

54   *Réfutation.*

55   *L'inventaire seul n'opérerait pas de plein droit la séparation des patrimoines ; à cet égard, la loi romaine n'est par suivie en France.*

52.   Lorsqu'une succession est acceptée sous bénéfice d'inventaire, la séparation des patrimoines existe nécessairement et de plein droit.

C'est ce qui a été jugé par la Cour royale de Paris, le 20 juillet 1811 (1).

Les motifs de cet arrêt sont puisés dans les dispositions de l'art. 2146 du Code Civil, qui porte que l'inscription prise depuis l'ouverture acceptée sous bénéfice d'inven-

_____

(1) Sirey, 11-2-885.

taire, ne produit *aucun effet* entre les créanciers de cette succession.

La Cour royale de Bordeaux a adopté ce principe dans son arrêt du 24 juillet 1830 (1).

Tant que la succession reste bénéficiaire, dit cette Cour, les créanciers du défunt n'ont pas besoin de prendre inscription pour conserver et jouir du bénéfice de la séparation des patrimoines ; cette séparation existe *virtuellement et par la seule force de la loi*.

D'où la conséquence que l'art. 2111 du Code Civil ne s'applique et ne doit s'entendre qu'au cas où la succession est acceptée *purement* et *simplement*.

MM. Grenier, Malpel, Delaporte et Troplong, pensent que cette doctrine est conforme aux principes.

53. MM. Delvincourt (2) Duranthon (3) et Dalloz (4) émettent une opinion contraire.

Surquoi ces auteurs se fondent-ils ?

Ils disent : l'article 2111 ne fait point de distinction entre les successions bénéficiaires et celles acceptées purement et simplement. L'art. 802 du Code n'a établi la séparation des patrimoines que dans l'intérêt de l'héritier. Si l'article 2146 dit que les inscriptions postérieures au décès, ne produisent aucun effet entre les

---

(1) Journal des Arrêts de la Cour de Bordeaux ; tom. 5, pag. 481.
(2) Tom. 2, pag 33. n°. 2.
(3) Tom. 7, n°. 47.
(4) J. g, tom. 12, pag. 377.

créanciers de la succession bénéficiaire, il ne dit pas qu'elles n'en produisent aucun entre les créanciers personnels de l'héritier.

D'un autre côté, l'héritier, quoique bénéficiaire, n'est pas moins censé gérer ses propres affaires, en gérant celles de la succession. Or, après un long-temps d'administration, les personnes qui contractent avec lui, ne peuvent-elles pas se persuader que tous les biens qu'il possède lui appartienent, et sont également libres dans ses mains, et, lorsqu'elles auront pris inscription sur les immeubles *de la succession*, des créanciers dont elles ne prévoyaient pas *le privilége,* viendront, après dix ou vingt ans, primer tous ceux envers lesquels l'héritier se serait personnellement obligé.

Un tel résultat, disent ces auteurs, serait en opposition directe avec notre nouveau système hypothécaire.

54. Ceux qui reconnaissent comme positif le principe posé par les Cours royales de Paris et de Bordeaux, font observer que l'art. 802 du Code, en déterminant les effets du bénéfice d'inventaire, dit que l'un de ses effets est de donner à l'héritier l'avantage de ne pas *confondre ses biens personnels avec ceux de la succession;* c'est pourquoi il n'est chargé, par l'art. 803, que *d'administrer* les biens de la succession, et de n'en *rendre compte* qu'aux créanciers et aux légataires *de la succession.*

Ils font encore remarquer que le Code a assimilé une succession qui n'est acceptée que *sous bénéfice d'in-*

ventaire, à la masse active *d'un failli;* l'art. 2146 le prouve, puisque cet article, après avoir déclaré que les inscriptions ne produiront *aucun effet*, si elles sont prises dans le délai pendant lequel les actes faits avant l'ouverture de la faillite, sont déclarés nuls, ajoute :

« Il en est de même entre les créanciers d'une succes-
» sion, si l'inscription n'a été faite par l'un d'eux que
» depuis l'ouverture et dans le cas où la succession n'est
» acceptée que *sous bénéfice d'inventaire.* »

L'effet du bénéfice d'inventaire est donc, d'un côté, d'empêcher *la confusion* des biens de la succession avec ceux de l'héritier ; et, de l'autre, de ne rendre cet héritier *comptable* des biens qu'envers les créanciers et les légataires *de la succession.*

Nous croyons pouvoir ajouter à ces observations, que les créanciers personnels de l'héritier ne peuvent souffrir de cette séparation *légale* des patrimoines, puisque les biens personnels de l'héritier demeurent toujours affectés à leurs créances.

Quant aux biens qui adviennent à leur débiteur *par succession*, ils ne peuvent ignorer qu'il n'y a de biens que déduction faite des dettes. *Bona non dicuntur, nisi deducto ære alieno*, et que les legs, comme charges de la succession, sont assimilés aux dettes.

Du moment donc que les biens personnels de l'héritier ne se confondent pas avec ceux du défunt, il faut bien admettre que les dettes de l'un et de l'autre restent éga-

7

lement distinctes. et séparées, ce qui forme, dans le cas du bénéfice d'inventaire, deux patrimoines, celui de l'héritier et celui du défunt : *le premier* reste le gage des créanciers personnels de l'héritier ; *le second* celui des créanciers et légataires du défunt.

Ces deux patrimoines, ainsi distincts et séparés, les créanciers de l'héritier ne sauraient avoir la prétention de donner un effet quelconque, sur les biens *de la suc-cession,* aux inscriptions qu'ils auraient prises *sur les biens de l'héritier*, parce que, étant sans titre sur les biens de la succession, lorsqu'elle est bénéficiaire, ils doivent forcément restreindre l'effet de leurs inscriptions, en les supposant valables, aux biens personnels de leur débiteur direct, et laisser aux créanciers et aux légataires de la succession, le patrimoine du défunt, comme gage de leurs créances et legs.

Qu'importe donc que ces créanciers et légataires prennent ou non inscription dans les délais prescrits par l'art. 2111 du Code Civil, si leur gage, objet de la séparation des patrimoines, est conservé par l'effet du bénéfice d'inventaire qui opère cette séparation par la volonté seule de la loi.

S'il n'en était pas ainsi, il y aurait tout à la fois injustice et contradiction dans la loi, puisqu'au même instant où *l'inscription* serait prise en vertu de l'art. 2111, par les créanciers et les légataires de la succession, elle serait déclarée *sans effet* par l'art. 2146.

Mais une telle contradiction ne peut être imputée au législateur, parce qu'en fait elle n'existe pas dans la loi.

Les art. 802, 878, 2111 et 2146 ont entre eux une véritable corrélation.

Par l'art. 802, la séparation des patrimoines est absolue ; elle s'opère de plein droit, lorsque la succession n'est acceptée par l'héritier que *sous bénéfice d'inventaire*.

L'accepte-t-il *purement* et *simplement ?* Vient l'art. 878 qui donne aux créanciers et aux légataires de la succession la faculté de demander *la séparation des patrimoines*.

Ces créanciers et légataires veulent-ils user de cette faculté ? C'est alors qu'ils rencontrent l'art. 2111 qui leur impose l'obligation, pour conserver *leur privilége*, de prendre *inscription*, dans un délai déterminé, *sur chacun des immeubles*.

Quant à l'art. 2146, à quoi se réfère-t-il ? Nommément *aux successions acceptées sous bénéfice d'inventaire*.

Quel est son but ? Celui d'empêcher qu'un créancier puisse prendre utilement inscription sur les biens de la succession *bénéficiaire*, et qu'il acquiert *un privilége* au préjudice des autres créanciers.

Tous ces articles se coordonnent donc entr'eux, puisque l'esprit de l'un indique quel est l'esprit de l'autre.

Mais, disent encore les auteurs que nous avons cités, c'est ouvrir la porte à la fraude et se mettre en contradiction avec notre nouveau système hypothécaire, que de dispenser les créanciers d'une succesion *acceptée sous bénéfice d'inventaire*, de prendre inscription pour conserver le privilége de la séparation des patrimoines.

Pour le prouver, ils supposent qu'un héritier bénéficiaire, après avoir long-temps administré ses biens personnels et ceux de la succession, contracte avec différentes personnes, et que celles-ci présumant que tous les biens dont il jouit sont également libres dans ses mains, prennent des inscriptions sur les biens de la succession, et qu'après dix ou vingt ans des créanciers de la succession se présentent et demandent à exercer et à faire valoir *leur privilége*. Qu'arrivera-t-il alors? Que les créancier de l'héritier qui ne prévoyait pas ce privilége seront *primés* par les créanciers de la succession.

Nous répondons qu'il n'est pas présumable que celui qui contracte avec un autre, ne prenne pas, avant de livrer son argent, tous les renseignements propres à lui assurer son remboursement. Il s'informera donc si les biens que l'emprunteur veut hypothéquer sont libres dans ses mains, s'ils lui proviennent *d'acquisition* ou *de succession*, et en quelle qualité il possède ces derniers; si c'est comme héritier pur et simple ou comme *héritier bénéficiaire*.

Admettons à notre tour que *le prêteur* ne prenne pas ces renseignements; qu'il se livre aveuglément à la foi *de l'emprunteur*, et que celui-ci lui *hypothèque* des

biens dont il n'avait l'administration que comme *héritier
bénéficiaire*. A qui *le prêteur* devra-t-il s'en prendre,
si un jour des créanciers *de la succession* se présentent
pour exercer et faire valoir *leur privilége?*

Ce prêteur devra d'abord s'en prendre à lui-même
pour avoir été trop confiant ; ensuite *à l'héritier bénéficiaire* qui l'aurait *trompé*, et non aux art. 802 et 2146
dont il était censé connaître les dispositions. *Leges
ignorare nemini licitum est post tempus publicationis.*

On ne doit donc voir, dans l'espèce proposé par les
auteurs dont nous repoussons la doctrine , qu'une cri-
tique de la loi, et non une réfutation du principe posé
par les Cours royales de Paris et de Bordeaux , principe
que nous croyons incontestable.

55.   Toutefois il ne suffirait pas *à l'héritier* de faire *inventaire* pour le dispenser du paiement *de toutes
les dettes héréditaires* , parce que nous ne suivons pas
à cet égard le droit romain, qui autorisait un héritier qui
avait fait *inventaire* à ne payer les créanciers de l'hérédité que jusqu'à concurrence *de la valeur* de la succession (1).

Comme aussi l'inventaire *seul* n'opérerait pas de plein
droit la séparation des patrimoines ; il faut que *l'inventaire* soit précédé ou suivi d'une déclaration *faite par
l'héritier* au greffe du tribunal du lieu de l'ouverture de

L. 22, § 4, cod. *de jure deliberandi.*

la succession, portant : qu'il n'entend prendre la qualité d'héritier *que sous bénéfice d'inventaire*, conformément aux art. 793 et 794 du Code Civil.

Tant qu'une telle déclaration n'aura pas été faite par
l'héritier, les créanciers et les légataires du défunt *seront tenus* de prendre inscription dans la forme et dans
le délai prescrits par l'art. 2111 du Code, *pour conserver le privilége* de la séparation des patrimoines.

C'est ce qui se trouve énoncé par la Cour de cassation
dans un arrêt du 14 août 1820 (1).

Il s'agit maintenant de savoir quel serait le sort des
créanciers de la succession, si l'héritier, après avoir accepté la succession sous bénéfice d'inventaire, renon-
çait à ce bénéfice en acceptant la succession purement
et simplement.

C'est ce que nous allons examiner dans la question
suivante.

QUESTION DIXIÈME.

**Lorsque l'héritier a accepté la succession sous
bénéfice d'inventaire, et qu'il renonce ensuite à cette
qualité en se portant ou agissant comme héritier
pur et simple, les créanciers du défunt sont-ils,
dans ce cas, déchus du bénéfice ou privlége de la**

---

(2) Sirey, 21-1-33.

séparation des patrimoines, à défaut par eux d'avoir pris inscription dans le délai prescrit par l'art. **2111 du Code Civil ?**

SOMMAIRES.

56 *L'acceptation par l'héritier de la succession sous béné-fice d'inventaire une fois faite, et la séparation des patrimoines une fois opérée par la volonté de la loi, il n'est plus au pouvoir de l'héritier, par un changement de qualité, defaire évanouir les droits acquis aux créanciers et aux légataires du défunt, sur les biens de la succession.*

57 *Système contraire.*

58 *Réfutation.*

59 *Quand y a-t-il lieu, en matière de séparation des patrimoines, à l'application de de l'art. 777 du Code Civil ?*

Cette question est très-controversée ; elle demande, par son importance, un profond examen.

56. La Cour royale de Paris, dans un arrêt du 8 avril 1826 (1), avait de nouveau posé en principe que l'acceptation d'une succession sous bénéfice d'inventaire entraînait de plein droit la séparation des patrimoines.

Elle décidait aussi que cette séparation *une fois opé-rée*, il n'était plus au pouvoir *de l'héritier bénéficiaire*, ni de ses créanciers personnels, d'enlever *aux créan-ciers de la succession* des droits qui leur étaient irrévocablement *acquis.*

_____

(1) Daloz, -27-2-68.

57. La Cour royale *de Rouen* décidait, au contraire, par arrêt du 5 décembre 1826 (1), qu'en admettant que l'acceptation d'une succession sous bénéfice d'inventaire entraînât de plein droit la séparation des patrimoines, ce système ne pourrait profiter aux créanciers de la succession que tant que durerait l'administration de l'héritier bénéficiaire, et qu'il s'anéantirait aussitôt que l'héritier bénéficiaire aurait pris *la qualité d'héritier pur et simple ;* cette qualité opérant dans sa main la confusion des deux masses de biens.

Par arrêt du 4 août 1829, la Cour royale de Caen jugea, comme celle de Rouen, que la déchéance du bénéfice d'inventaire entraînait celle de la séparation des patrimoines.

Nous avons rapporté, quest. 9, n°. 48, l'arrêt de la Cour royale de Bordeaux, du 24 juillet 1830. Cette Cour, après avoir reconnu formellement que l'acceptation de la succession par l'héritier, sous bénéfice d'inventaire, opérait, par la seule force de la loi, la séparation des patrimoines, dit qu'il doit en être autrement, du moment que l'héritier bénéficiaire devient héritier pur et simple, parce qu'alors les biens personnels de cet héritier se confondant avec ceux de la succession, les créanciers du defunt ne peuvent faire cesser cette confusion qu'en demandant cette séparation, et en prenant inscription

_____

(1) Dalloz, 27-2-69.

en conformité de l'art. 2111 du Code Civil, soit dans les six mois de l'ouverture de la succession, soit dans les six mois de l'acceptation pure et simple faite par l'héritier bénéficiaire.

Et attendu, dans la cause portée devant elle, que les créanciers du défunt *avaient négligé* de prendre inscription *dans les six mois à compter de l'acceptation pure et simple de la succession, par l'héritier bénéficiaire*, ils furent déclarés *non-recevables* dans leur demande en séparation des patrimoines.

Il importe de faire remarquer ici, qu'aucun de ces arrêts ne conteste le principe tiré de l'art. 802 du Code ; que dès l'instant qu'une sucession est acceprée *sous bénéfice d'inventaire*, la séparation des patrimoines s'opère nécessairement, et *de plein droit ;* ce qui dispense, dans ce cas, les créanciers du défunt de prendre l'inscription prescrite par l'art. 2111.

Cette remarque vient fortifier les raisons que nous avons précédemment données à l'appui *de ce principe,* dans la précédente question.

58. Reste maintenant à savoir s'il est vrai que du moment qu'une succession acceptée d'abord *sous bénéfice d'inventaire,* devient *pure et simple par le fait de l'héritier*, la séparation des patrimoines cesse d'exister *de droit,* et que, faute par les créanciers du défunt d'avoir pris *inscription* dans le delai prescrit par l'art. 2111, ils sont *non-recevables* à se prévaloir de cette sé-

paration primitivement opérée en vertu de la seule disposition de l'art. 802.

C'est ce que nous allons examiner.

Nous ne pensons pas devoir nous arrêter à cette fin
de non-recevoir admise par la Cour royale de Bordeaux,
prise de ce que les créanciers du défunt auraient négligé
de prendre inscription *dans les six mois à compter
du jour de l'acceptation pure en simple de la succession
par l'héritier bénéficiaire*, parce que, admettre *une telle
fin de non-recevoir*, ce serait rendre les créanciers du
défunt victimes de la duplicité d'un héritier *bénéficiaire*
qui, voulant, dans ses propres intérêts ou dans ceux de
ses créanciers personnels, changer sa qualité en celle
d'héritier *pur et simple*, ferait à leur insçu, et loin d'eux,
un acte d'héritier dont on ne leur donnerait connais-
sance qu'au moment où ils viendraient exercer leur privilége sur les biens de la succession, et qu'après que les
six mois, à dater du jour de cette fallacieuse acceptation,
se trouveraient expirés.

Ce serait en outre créer une disposition *légale* contraire au texte clair et précis de l'art. 2111, ce qui n'est
pas permis aux juges. *Secundùm leges, non suprà, ju-
dex judicare debet.*

Or, c'est dans les six mois *du jour de l'ouverture de
la succession* que *l'inscription* doit être prise par les
créanciers du défunt, et non dans les six mois *du jour
de l'acceptation de la succession par l'héritier.*

Donc admettre la doctrine de la Cour royale de Bordeaux, ce ne serait pas agir *en juge*, mais *en législateur*.

Abordons maintenant la véritable question.

Quand les créanciers du défunt sont-ils tenus de prendre l'inscription prescrite par l'art. 2111, pour conserver leur privilége sur les immeubles de la succession ?

Point de doute, s'ils veulent user de la faculté que leur donne l'art. 878, et si la succession est acceptée par l'héritier *purement* et *simplement*, qu'ils soient tenus prendre inscription dans les six mois du décès.

Mais comme dans ce cas, ce n'est encore pour eux *qu'une faculté*, ils peuvent en user ou y renoncer suivant qu'ils le jugent le plus avantageux à leurs intérêts.

Ils peuvent même attendre, si l'héritier n'a pris aucune qualité, qu'il en prenne une pour régler leur conduite sur la sienne.

C'est même dans ce but que la loi n'accorde à l'héritier que trois mois pour faire *inventaire* et quarante jours *pour délibérer*, lorsqu'elle accorde *six mois* aux créanéiers du défunt pour inscrire leur privilége.

Mais du moment que l'héritier s'est expliqué, qu'il a pris la qualité *d'héritier pur et simple*, il faut alors que les créanciers du défunt se prononcent, qu'ils inscrivent, en temps utile, leur privilége sur les immeubles de la succession, s'ils veulent exercer l'action en séparation des patrimoines.

Il en est autrement si l'héritier prend la qualité *d'hé-*

ritier bénéficiaire; dans ce cas les créanciers du défunt ne peuvent opter entre les biens du défunt et ceux de l'héritier : c'est la loi qui prononce la séparation des des deux patrimoines sans l'intervention des créanciers du défunt; aussi ceux ci sont-ils contraints de prendre les biens de leur débiteur dans l'état où ils se trouvent, sans pouvoir, *en cas d'insuffisance, recourir sur ceux de l'héritier,* qui restent affectés à ses créanciers personnels, quelle qu'en soit la valeur.

Tels sont les effets de la séparation des patrimoines opérée par la seule volonté de la loi, lorsque l'acceptation de la succession par l'hértier, est faite *sous bénéfice d'inventaire.*

Ne trouve-t-on pas dans ces deux cas une différence sensible; dans le premier, c'est la volonté de l'homme qui opère la séparation des patrimoines; dans le second, c'est par la seule volonté de la loi que cette séparation s'opère.

Et une fois opérée par la volonté de la loi, l'héritier, par sa seule volonté, pourrait la rendre sans effet !

Quelle serait donc la puissance de la loi, si sa volonté pouvait être ainsi anéantie ?

La loi dit aux créanciers du défunt : *l'héritier bénéficiaire ne confondra pas ses biens personnels avec ceux de la succession; vous n'exercerez aucun droit sur les biens de cet héritier; je vous laisse ceux du défunt, votre débiteur; vous en disposerez seuls, et pour conserver vos droits sur cette hérédité, je ne vous oblige à autre chose qu'à justifier de vos créances ; je vous interdis même toute inscription hypothécaire sur les immeubles de la succession, et, si vous en prenez, je les déclare sans effet.*

Et lorsque les créanciers du défunt auront suivi ce que la loi leur avait prescrit, ils se verraient dépouiller du patrimoine de leur débiteur, à défaut par eux de n'avoir pas rempli une formalité qu'ils ne devaient point remplir, *qu'ils ne pourraient pas même remplir au moment où il plairait à l'héritier bénéficiaire de changer de qualité !*

Un tel système peut-il se concilier avec la justice ?

C'est pourtant celui des Cours royales de Rouen, de Caen et de Bordeaux.

Mais leur système a été combattu par la Cour royale de Paris, et rejeté par la Cour de cassation, sur le pourvoi formé envers l'arrêt de la Cour royale de Caen, par les créanciers de la succession d'un sieur Roussel père, contre les créanciers personnels de l'héritier.

M. Dalloz plaidait pour les défendeurs en cassation, il fit valoir le système qu'il avait précédemment adopté ; il soutint 1°. que *non-seulement* l'acceptation d'une succession sous bénéfice d'inventaire n'entraînait pas *de plein droit* la séparation des patrimoines, mais encore que la qualité prise *postérieurement* par l'héritier bénéficiaire ne pouvait donner aux créanciers du défunt, le droit de se prévaloir du privilége que l'art. 2111 leur accordait, ce privilége disparaissant avec la qualité d'héritier bénéficiaire qui lui était subordonné.

2º. Que les effets naturels de l'acceptation pure et simple étaient de faire remonter cette accceptation au jour de l'ouverture de la succession ; qu'il résultait donc de cette acceptation que la succession n'avait jamais été acceptée sous bénéfice d'inventaire.

3º. Que l'héritier étant libre de vendre, échanger et hypothéquer les biens de la succession, il ne pouvait trouver d'obstacles que dans une inscription prise dans la forme et dans le délai prescrits par l'art. 2111.

4º. Qu'il y aurait de graves dangers, pour les tiers de bonne foi, dans l'adoption du système contraire, puisqu'ils pourraient être toujours évincés malgré le long-temps que l'héritier bénéficiaire aurait revêtu la qualité d'héritier pur et simple, et disposé *en maître* de tous les biens de la scccession.

5º. Que si les créanciers de la succession éprouvaient des pertes de ce changement de qualité, ils ne devraient s'en prendre qu'à eux-mêmes, pour n'avoir pas veillé soigneusement à leurs intérêts.

Tels sont les principaux moyens employés par M. Dalloz pour faire rejeter le pourvoi en cassation formé contre l'arrêt de la Cour royale de Caen.

Aucun de ces moyens ne fut adopté.

Cet arrêt fut cassé par celui rendu par la Cour de cas-

sation, le 18 juin 1833, sous la présidence de M. Por_
talis (1).

Les motifs de cet arrêt et les développements qui leur
ont été donnés, nous font penser qu'il a été dans l'intention de la Cour suprême de mettre fin à un système
qui, s'il était sanctionné par la jurisprudence, causerait
inévitablement la ruine des créanciers d'une succession.

Voici les motifs de cet arrêt :

« La Cour, vu les art. 802, 803, 807, 2146, 877, 880 et
» 2111 du Code Civil ;

» Considérant qu'il faut distingner la séparation des
» patrimoines qui a lieu *sur la demande* des créanciers
» d'un défunt, dans le cas où la succession est acceptée
» *purement et simplement,* et la séparation des patri-
» moines qui a lieu *par l'effet de la loi,* quand la succes-
» sion n'est acceptée que par *bénéfice d'inventaire ;*

» Que, dans le premier cas, l'héritier étant saisi, sous
» condition, de tous les biens du défunt, il s'opère dans
» la main de l'héritier *une confusion* de ses biens avec
» ceux de son auteur ; que c'est pour établir *une sépa-*
» *ration* entre ces deux patrimoines, que la loi a donné
» aux créanciers du défunt, sous certaines conditions,
» *la faculté de demander* que la confusion n'ait par
» lieu par raport à eux ;

» Que, dans le second cas, ce n'est pas *sur la demande*

_____

(1) Dalloz, 33-1-233.

» des créanciers du défunt que la séparation des patri-
» moines s'établit ; que l'inventaire des biens du défunt
» pose, entre les deux masses de biens, une barrière qui
» exclut les créanciers du défunt *de tous droits sur les*
» *biens de l'héritier*, mais qui en même temps leur as-
» sure *un gage exclusif dans le patrimoine du défunt,*
» meubles et immeubles ; dans ce cas, l'héritier *bénéfi-*
» *ciaire* n'est véritablement qu'un *héritier comptable ;*

   » Que, dans une telle situation, les créanciers n'ont point
» *à demander* une séparation de patrimoines qui existe
» si évidemment ;

   » Que la faculté d'exercer l'action en séparation des
» patrimoines, n'a été introduite que pour le cas d'ac-
» ceptation *pure* et *simple ;* qu'ainsi la condition im-
» posée par l'art. 2111 du Code, aux créanciers du défunt,
» et qui limite *à six mois* l'exercice de leur demande, et
» qui leur impose l'obligation de prendre inscription
» dans ce délai, *ne s'applique* qu'à l'art. 878 auquel l'art.
» 2111 renvoie positivement ;

   » Considérant que la séparation des patrimoines
» *opérée par l'acceptation sous bénéfice d'inventaire,*
» *par l'acte authentique passé au greffe et par l'in-*
» *ventaire qui en est la condition essentielle, ne peut,*
» *par rapport aux créanciers de la succession, dis-*
» *paraître et cesser d'avoir effet par la suite, et moins*
» *encore plusieurs années après, par le fait de l'héri-*
» *tier.*

» Considérant que la peine d'être, en ce cas, considéré
» comme héritier pur et simple, *est établie en faveur*
» *des créanciers du défunt,* et ne peut par conséquent
.» tourner contre eux et les priver *de leur gage exclusif;*
» qu'eux seuls pourraient invoquer cette déchéance, puis-
» qu'elle n'existe que pour eux ; que ni l'héritier bénéfi-
» ciaire, ni ses créanciers, *ne peuvent se créer un droit*
» *par un fait personnel de cet héritier, administrateur*
» *compable ;*

» Considérant qu'une doctrine contraire ouvrirait
» carrière à des fraudes qu'il serait impossible de consta-
» ter, puisque l'héritier pourrait, par un fait même se-
.» cret, et à l'insçu des créanciers de la succession, leur
» enlever leur gage et l'attribuer à ses propres créanciers;
» que l'héritier pourrait aussi, en fesant *acte d'héritier,*
» postérieurement *aux six mois de rigueur* prescrits
» par l'art. 2111, enlever aux créanciers de la succession
» le droit de prendre la voie de la séparation des patri-
» moines; qu'en jugeant le contraire, et en décidant, dans
» l'espèce, que les héritiers Chancerel seraient rejetés
» *de l'ordre* sur les biens de la succession de Roussel
» père, parce qu'ils n'avaient pas demandé la séparation
» des patrimoines et pris inscription dans le délai de la
» loi, là Cour royale de Caen a expressément violé les
» lois précitées ; — Casse. »

M. Dalloz, persistant dans son opinion, prétend, dans
une notice mise en tête de cet arrêt, que ces deux déci-

sions importantes n'ont été rendues par la Cour de cassation, que sous l'influence *d'un principe mal compris*, et d'après lequel on répète sans cesse que l'acceptation *sous bénéfice d'inventaire* emporte *la séparation des patrimoines,* sans remarquer que c'est seulement *à l'égard de l'héritier* que la loi le dispose ainsi.

C'est pourquoi, à son avis, *ces décisions* sont destinées à prendre rang parmi les monuments *les plus contestés* de la jurisprudence.

Il nous semble que la jurisprudence s'est déjà prononcée *assez ouvertement* contre le système que M. Dalloz paraît avoir embrassé.

D'abord pas un arrêt, même ceux cités par M. Dalloz, soit devant la Cour de cassation, soit dans ses écrits, ne contestent *le principe* pris de l'art. 802, *que du moment que la succession est acceptée sous bénéfice d'inventaire, la séparation des patrimoines s'opère nécessairement et de plein droit.*

Nous pouvons aussi opposer aux Cours royales de Rouen et de Bordeaux, qui ont décidé que la *déchéance* du bénéfice d'inventaire entraînait *celle* de la séparation des patrimoines, les différents arrêts rendus en sens contraire par la Cour royale de Paris, et, à l'arrêt de la Cour royale de Caen, celui de la Cour de *cassation*, que nous venons de rapporter.

Nous pouvons encore ajouter *un nouvel arrêt en tout conforme à la doctrine émise par la Cour de cassa-*

tion, c'est celui rendu le 4 mai 1835 (1) par la Cour royale de Paris, sur le renvoi que la Cour de cassation lui avait fait de l'arrêt de la Cour *de Caen.*

Voici les motifs de ce nouvel arrêt :

« Attendu que l'art. 2111 ne s'applique qu'aux cas où,
» conformément à l'art. 878, il y a lieu à *demander* la
» séparation des patrimoines ;

» Attendu que, dans le cas où une succession est ac-
» ceptée *sous bénéfice d'inventaire ,* il n'y a pas lieu *à*
» *demander une séparation qui est établie de plein*
» *droit par l'art.* 802.

» Attendu que *la déchéance* du bénéfice d'inventaire
» *est une peine* (2) prononcée contre l'héritier, et qui ne
» peut rendre moins favorable la position des créanciers
» de la succession, pour lesquels l'acte d'acceptation
» sous bénéfice d'inventaire *a dû tenir lieu de l'inscrip-*
» *tion prescrite* par l'art. 2111, *seulement* pour le cas
» *d'acceptation pure et simple :* —Infirme au principal,
» — maintient la collocation des appelants. »

Cette doctrine, émise par la Cour de cassation et adoptée par la Cour royale de Paris, nous paraît d'autant plus

_____

(1) Dalloz; 35-2-101.

(2) L'héritier bénéficiaire ne peut vendre les immeubles , ni faire procéder à la vente du mobilier et des rentes dépendantes de la succession, sans formalités de justice , à peine d'être réputé héritier pur et simple. (Art. 805, 806 du Code Civil, — 988 et 989 du Code de Procédure Civile).

certaine, qu'elle a pour elle la loi sainement interprétée et un sentiment de justice qui repousse tout système contraire.

59. Qu'un héritier, par exemple, après avoir fait inventaire et délibéré long-temps sur la qualité qu'il doit prendre, se détermine enfin à accepter *purement et simplement* la succession, sans doute que, dans ce cas, cette acceptation, quoique tardive, remontera, en vertu de l'art. 777 du Code Civil, au jour de l'ouverture de la succession.

Mais cette qualité d'héritier *pur et simple une fois prise* ouvertement et expressément, cet héritier pourrait-il y renoncer suivant son caprice ou ses intérêts?

Non, l'art. 783 du Code Civil y mettrait obstacle.

Et l'on voudrait qu'un héritier qui aurait pris, dans les formes légales, la qualité *d'héritier bénéficiaire*, pût impunément renoncer à cette qualité, au préjudice des droits acquis aux créanciers de la succession; qu'il pût, en faisant remonter cette acceptation *postérieure* d'héritier pur et simple, au jour de l'ouverture de la succession, enlever aux créanciers de la succession le gage de leur créance, en leur opposant un défaut *d'inscription* prise dans le délai dont parle l'art. 2111!

Où serait ici l'équité?

Quoi! dans le cas de l'art. 802, la loi (art. 2146) dispense les créanciers de la succession de prendre *inscription*; elle fait plus, elle déclare *sans effet* celles qui seraient prise *après l'ouverture de la succession*, et l'on donnerait à l'héritier bénéficiaire, par ce changement de qualité, le droit de disposer de tous les biens de la succession, soit à son profit, soit à celui de ses propres créanciers.

Où serait encore ici la justice ?

Ce n'est donc pas dans l'art. 777 du Code que se trouve la solution de la question que nous nous sommes proposée.

C'est dans l'art. 803, spécial à l'espèce, qu'il faut la chercher.

Que dit cet article ? « L'héritier *bénéficiaire* est char- » gé d'administrer les biens de la succession, et doit » rendre compte de son administration aux créanciers » et aux légataires. »

Il est donc *administrateur comptable ;* mais à qui doit-il rendre son compte ? Est-ce à ses créanciers personnels ? Non, il doit administrer les biens et en rendre compte *aux créanciers et aux légataires de la succession.*

Or, serait-ce en rendre compte, que de s'en emparer par un moyen détourné ?

D'ailleurs *tout comptable*, en quittant son administration, ne doit-il pas en rendre compte, et si ce sont des immeubles qu'il a administrés, ne doit-il pas les rendre ou les tenir à la disposition de ceux qui y ont des droits exclusifs ?

Ce que tout administrateur comptable est tenu de faire en quittant *sa gestion,* l'héritier bénéficiaire en serait-il dispensé ?

Oui, répond la Cour Royale de Rouen, parce que *l'héritier bénéficiaire n'est comptable qu'autant qu'il administre en cette qualité;* mais, du moment qu'il devient, soit par son fait, soit autrement, *héritier pur et simple,* la masse des biens de la succession se confondant avec les siens, il peut alors en disposer *en maître,* sauf aux créanciers qui ont conservé, *dans la forme et le délai de la loi,* leurs privilèges et hypothèques, à les faire valoir.

La conséquence de ce raisonnement serait la ruine inévitable des créanciers d'une succession.

En effet, *un héritier bénéficiaire* qui voudrait se soustraire *à toute reddition de compte* et se rendre *maître* des biens de la succession, après les avoir administrés et en avoir perçu tous les fruits, n'aurait qu'à faire *un acte quelconque d'héritier pur et simple,* pour se mettre à l'abri des poursuites des créanciers de cette succession.

Voilà à quoi aboutirait la doctrine de la Cour de Rouen ; doctrine que la Cour de cassation a proscrite après s'être pénétrée de l'esprit de l'art. 802 et en avoir déterminé le vrai sens, par son arrêt du 18 juin 1833, *ex mente legis quod est, dicitur esse ex lege.*

Il résulte donc du rapprochement des différents articles du Code Civil, cités par la Cour de cassation, qu'il a été dans la pensée du législateur, comme dans sa volonté, *de n'assujétir les créanciers du défunt à faire inscrire leurs priviléges dans un délai déterminé,* que lorsque, conformément à l'art. 878, *ils demanderaient la séparation des patrimoines du défunt d'avec celui de l'héritier.*

Mais que, dans le cas de l'art. 802, cette séparation s'opérerait *par la seule force de la loi, sans demande et sans intervention de la part des créanciers du défunt.*

Déjà nous avons fait connaître le but de l'art. 2146, celui d'empêcher qu'un créancier d'une succession *bénéficiaire,* comme en matière de faillite, fasse inscrire son titre de créance sur les immeubles de cette succession et acquiert ainsi un droit et un rang préférables à celui des autres créanciers de cette succession.

D'où il suit que du jour où une succession est acceptée sous bénéfice d'inventaire, *tous les biens* qui en dépendent deviennent exclusivement le gage des créanciers du défunt.

Qu'importe donc que par la suite l'héritier bénéficiaire *change de qualité ;* il est hors de doute qu'il ne peut pas, *par son fait,* enlever les droits acquis aux créanciers du défunt ; qu'il ne peut pas non plus leur opposer le défaut *d'inscription ;* car en cela il ferait le procès à la loi.

Les biens de la succession sont tellement affectés aux créanciers du défunt, que lorsque *l'héritier bénéficiaire* veut en faire *l'abandon,* il ne peut pas en faire profiter ses créanciers personnels, puisqu'aux termes du §. 1 de

l'art. 802, *il est tenu de faire cet abandon aux créanciers et aux légataires de la succession.*

Et on lui donnerait cette faculté *en changeant de qualité!* ne serait-ce pas détruire toute l'économie de la loi,
du moment qu'il serait loisible *à l'héritier bénéficiaire*,
en se portant *héritier pur et simple, en confondant
avec ses biens ceux de la succession*, de les abandon-
ner *tous* indistinctement à ses propres créanciers, au
détriment des créanciers du défunt.

Nous le disons avec la plus intime conviction, un tel
système ne tendrait qu'à donner *à un héritier bénéficiaire* le moyen de payer ses créanciers personnels *avec
les biens de la succession.*

Il lui suffirait encore une fois, pour arriver à son but,
de concerter, avec quelques-uns de ses propres créanciers, *une acceptation sous bénéfice d'inventaire.* Par
ce moyen, il empêcherait les créanciers du défunt d'user
de la faculté qu'une acceptation *pure et simple* leur aurait donnée, de prendre *inscription* sur les immeubles
de la succession ; et lorsque *les six mois,* du jour de
l'ouverture de la succession, *seraient expirés, et avant
toute reddition de compte*, il abandonnerait *sa qualité
primitive* pour prendre celle *d'héritier pur et simple*, et,
argumentant des droits que cette nouvelle qualité lui
donnerait, il repousserait, d'accord avec ses propres
créanciers, ceux de la succession qui, se trouvant alors,
sans privilége inscrit, sur les immeubles du défunt, se

verraient dépouiller de leur gage par cette machination
clandestinement ourdie entre lui et ses créanciers.

La Cour de cassation a aussi entrevu le danger de cette
doctrine, en disant : *que l'admettre ce serait ouvrir
carrière à des fraudes qu'il serait impossible de cons-
tater.* Raison de plus de la repousser, du moment qu'elle
tend à favoriser l'astuce et la mauvaise fois.

Toutefois, M. Malpel (1), en reconnaissant que la séparation des patrimoines s'opère de plein droit, lorsque la succession est acceptée *sous bénéfice d'inventaire,* élève des doutes sur la question de savoir si, après
que l'héritier bénéficiaire se sera porté *héritier pur et
simple,* il serait possible de faire jouir les créanciers du
défunt d'un privilége pour la conservation duquel ils
n'auraient rempli aucune formalité, surtout à côté du
principe qui fait remonter *l'acceptation* au jour de l'ouverture de la succession ; ce qui le détermine à conseil-
ler aux créanciers et aux légataires de la succession, de
prendre, *dans tous les cas,* l'inscription ordonnée par
l'art. 2111.

Comme nous ne partageons pas les doutes de cet auteur ; que déjà nous avons discuté le principe pris de
l'art. 777 ; qu'il paraît même qu'il n'est point entré
à cet égard dans aucun examen, nous ne considérerons
le conseil qu'il donne aux créanciers et aux légatai-

---

(1) Traité élémentaire des Successions **AB INTESTAT**, n°. 240.

res du défunt, que comme *un acte d'excessive prudence*, et non comme pouvant porter atteinte au principe que nous avons établi.

Ce n'est pas que *ce conseil*, rapproché *de la notice* de M. Dalloz, n'ait en soit.quelque chose d'utile.; quand ce ne serait.que d'éviter à ces créanciers des discussions toujours longues et dispendieuses avec les créanciers de l'héritier.

Que leur importerait, en effet, que l'héritier bénéficiaire changeât ou non de qualité,.une fois *leur privilége* conservé *par les inscriptions* qu'ils auraient prises dans le délai prescrit par l'art. 2111?

L'existence de ces inscriptions pourrait encore être pour l'héritier bénéficiaire *un salutaire avertissement* de ne point changer inconsidérément sa qualité primitive.

Mais, quel que soit l'avantage que les créanciers et les légataires puissent tirer de ce conseil, toujours serait-il vrai, dans notre opinion, que si ces créanciers ou légataires ne pouvaient le suivre, soit à cause de leur éloignement du lieu de l'ouverture de la succession, ou pour tout autre cause, et que l'héritier *bénéficiaire* vînt à changer *de qualité* en prenant celle d'héritier *pur et simple*, ils ne seraient point *déchus de leur privilége*, sur les biens composant la succession de leur débiteur, faute par eux de l'avoir fait inscrire dans le délai prescrit par l'art. 2111 du Code, parce que l'acceptation de la succession par l'héritier, *sous bénéfice d'inventaire*, une fois faite, et la séparation des patrimoines une fois opérée par la seule volonté de la loi, il n'est plus au pouvoir de l'héritier bénéficiaire de faire évanouir, par un changement de qualité, *les droits qui leur étaient irrévocablement acquis sur les biens de la succession* (1).

Aussi persistons nous dans le système que nous avons développé, système que la raison approuve et que la loi sanctionne.

___

(1) La Cour royale de Colmar, dans son arrêt du 9 janvier 1837 se prononce ouvertement dans ce sens. — Daloz, J. g. 37-2-126.

FIN.

INDICATION.

CHAPITRE PREMIER.

PRINCIPES GÉNÉRAUX SUR LA SÉPARATION DES PATRIMOINES.

SOMMAIRES.

CHAPITRE II.

Les créanciers et les légataires du défunt qui ont pris inscription sur les immeubles de la succession dans le délai prescrit par l'art. 2111 du Code Civil, sont-ils tenus à d'autres formalités pour conserver le privilége de la séparation des patrimoines?

SOMMAIRES.

QUESTION DEUXIÈME... 48

Commment s'opère la novation dont parle l'art. 879 du Code Civil ?

SOMMAIRES.

QUESTION TROISIÈME... 51

L'obligation imposée aux créanciers et aux légataires qui veulent conserver le droit de demander la séparation des patrimoines, d'inscrire leurs créances ou legs dans les six mois de l'ouverture de la succession , s'étend-elle aux cas où il s'agit de succession ouverte avant le Code?

QUESTION SIXIÈME.. 71

Lorsque l'héritier a vendu les immeubles de la succession et qu'il en a reçu le prix, les créanciers du défunt peuvent-ils agir contre l'acquéreur par action en séparation des patrimoines ?

SOMMAIRES.

QUESTION SEPTIÈME.. 73

Lorsqu'un immeuble de la succession a été vendu par l'héritier, et que l'acquéreur fait transcrire son contrat avant l'expiration des six mois à compter de l'ouverture de la succession, les créanciers et les légataires du défunt sont-ils tenus, pour conserver le privilége que l'art. 2111 leur donne, de prendre inscription dans la quinzaine de la transcription, conformément à l'art. 834 du Code de Procédure?

SOMMAIRES.

9

fice d'inventaire, et qu'il renonce ensuite à cette qualité en se portant ou agissant comme héritier pur et simple, les créanciers du défunt sont-ils, dans ce cas, déchus du bénéfice ou privilége de la séparation des patrimoines, à défaut par eux d'avoir pris inscription dans le délai prescrit par l'art. 2111 du Code Civil ?

SOMMAIRES.

FIN DE L'INDICATION.

www.ingramcontent.com/pod-product-compliance
Lightning Source LLC
Chambersburg PA
CBHW072312210326
41519CB00057B/4889